Jeannot FATAKI N. BAZONGA

Sistema operativo Unix/Linux

Jeannot FATAKI N. BAZONGA

Sistema operativo Unix/Linux

Dominar o Unix/Linux: da instalação à administração do sistema

ScienciaScripts

Imprint
Any brand names and product names mentioned in this book are subject to trademark, brand or patent protection and are trademarks or registered trademarks of their respective holders. The use of brand names, product names, common names, trade names, product descriptions etc. even without a particular marking in this work is in no way to be construed to mean that such names may be regarded as unrestricted in respect of trademark and brand protection legislation and could thus be used by anyone.

Cover image: www.ingimage.com

This book is a translation from the original published under ISBN 978-620-6-71917-5.

Publisher:
Sciencia Scripts
is a trademark of
Dodo Books Indian Ocean Ltd. and OmniScriptum S.R.L publishing group

120 High Road, East Finchley, London, N2 9ED, United Kingdom
Str. Armeneasca 28/1, office 1, Chisinau MD-2012, Republic of Moldova, Europe
Managing Directors: Ieva Konstantinova, Victoria Ursu
info@omniscriptum.com

Printed at: see last page
ISBN: 978-620-8-57834-3

Conteúdo

Epígrafe

1. "No mundo do código, onde os bytes dançam e os processos se entrelaçam, o Unix e o Linux são os parceiros de dança mais ágeis."
2. "Onde as linhas de comando se cruzam e os ficheiros se entrelaçam
se entrelaçam, o Unix e o Linux estão a fazer o seu caminho para a eficiência."
3. "Os sistemas operativos de código aberto, como o Unix e o Linux, são as bases sobre as quais se erguem os arranha-céus digitais."

In Memoiriam

Ao meu falecido pai, Papa ***Jules FATAKI MALIKIZUNGU "Julio"***, de feliz memória, que nos deixou no crepúsculo da sua vida. Descansa em paz no firmamento do Deus Eterno. Ficarás para sempre gravado nas nossas memórias, nós, os teus filhos e também os teus netos, bisnetos, ...

Nasceu em Béni, Kivu do Norte, em 16/06/1940 e faleceu em Kinshasa em 15/10/2022.

"A morte não é páreo para o amor.

Citação de Honoré de Balzac

"Para o meu pai. O meu querido pai, o meu próprio pai, Tu que me fazes saltar. Sobre os teus joelhos. Como uma camurça, O que poderia eu dizer-te. Que já não saibas?"

Poema de Maurice Carême

Mamã ***Henriette DISIKI NSITA***, minha sogra, nascida em Mbanza-Kongo, no Kongo-Central, a 25/05/1961 e falecida em Kimpese, no Kongo-Central, a 22/12/2021. Deixaste um grande vazio que hoje é difícil de preencher.

1. **Para a minha querida sogra**:

"Querida Henriette, a tua bondade e carinho deixaram uma marca indelével nos nossos corações. O teu amor e o teu sorriso continuarão a iluminar as nossas vidas, mesmo que tenhas partido. Descansa em paz".

2. **Em memória de uma mulher extraordinária**:

"Hoje despedimo-nos de uma pessoa excecional. A tua força, a tua doçura e o teu sorriso ficarão para sempre gravados nas nossas memórias. Que a tua alma descanse em paz, querida Henriette DISIKI NSITA."

3. **Uma homenagem a uma mãe de coração:**

"Àquela que foi muito mais do que uma sogra, mas uma mãe amorosa, expressamos a nossa eterna gratidão. O seu legado de amor e devoção viverá nos nossos corações."

4. **Uma última despedida cheia de amor**:

"A ela, que foi uma fonte infinita de amor e compaixão, dizemos adeus com o coração pesado. A tua luz continuará a brilhar nas nossas vidas".

Jeannot FATAKI N. BAZONGA

Dedicação

À minha família, colegas, amigos e a todos os que contribuíram para este projeto:

O vosso apoio, encorajamento e ideias foram essenciais para a produção deste livro. Que estas páginas vos inspirem tanto como me inspiraram mim.

Obrigado do fundo do meu coração,

Jeannot FATAKI N. BAZONGA

Agradecimentos

1. Gostaria de expressar a minha gratidão a todos os que me apoiaram ao longo deste projeto, quer sejam familiares, amigos ou colegas.

2. Os meus agradecimentos vão também para os especialistas em Unix/Linux que partilharam os seus conhecimentos e experiência, e para a comunidade de código aberto pelo seu empenho e contribuição.

3. Os meus mais sinceros agradecimentos aos meus revisores e editores, que ajudaram a melhorar a qualidade e a exatidão deste livro.

4. Por último, estou grato aos meus editores e à equipa que trabalhou na publicação deste livro.

Prefácio

Caro leitor,

O autor tem o prazer de apresentar este livro dedicado ao fascinante mundo do Unix e do Linux. Quer seja um estudante, um profissional de TI ou simplesmente um curioso em saber mais sobre estes sistemas operativos, encontrará aqui um manancial de informação para aprofundar os seus conhecimentos.

A história e a evolução do Unix/Linux. No primeiro capítulo, o autor volta atrás no tempo para explorar as origens do Unix e do Linux. Desde os seus humildes começos em laboratórios de investigação até aos sistemas omnipresentes que conhece hoje, irá descobrir como estes sistemas moldaram a computação moderna. O autor também discutirá as diferenças subtis entre Unix e Linux, cada um com a sua própria história e filosofia.

A estrutura interna do Unix/Linux. O segundo capítulo aprofunda-se na estrutura interna destes sistemas. O autor examinará o kernel e a sua funcionalidade, bem como o sistema de ficheiros e a gestão de processos. Você entenderá como tudo isso se encaixa para criar um ambiente robusto e flexível.

Os comandos essenciais. Navegue junto com o autor no terceiro capítulo, onde ele explora os comandos básicos. Desde a navegação no sistema de ficheiros até à manipulação de processos e gestão de utilizadores e grupos, aprenderá competências práticas para trabalhar eficientemente em Unix/Linux. Os scripts de shell, que são ferramentas verdadeiramente versáteis, também serão o foco das suas discussões.

Administração de sistemas em profundidade. O quarto capítulo é dedicado à administração de sistemas. Aprenderá a instalar o Unix/Linux, a configurar parâmetros de rede e a gerir serviços e pacotes de software. A segurança e as cópias de segurança serão abordadas em pormenor, porque a proteção dos seus dados é essencial.

Programação em Unix/Linux. Finalmente, no quinto capítulo, o autor explora a programação. Irá descobrir como utilizar as bibliotecas do sistema, compilar os seus próprios programas e otimizar o desempenho. Quer seja um programador ou um administrador, estas competências abrir-lhe-ão novas perspectivas.

O autor deseja-lhe uma leitura enriquecedora e espera que este livro o ajude no seu caminho para dominar o Unix e o Linux.

Com os melhores cumprimentos, Professor Doutor Engenheiro ***Richard KITONDUA,***

Mestre da cadeira de Informática da Universidade Pedagógica Nacional.

Prefácio

Bem-vindo a este livro sobre o sistema operativo Unix-Linux, concebido para o levar mergulhar no fascinante mundo destes sistemas operativos icónicos. Como estudante apaixonado por computação e redes, está prestes a descobrir os conceitos básicos e específicos destes sistemas operativos amplamente utilizados.

Este livro foi especialmente concebido para o ajudar a aprender e dominar o Unix-Linux, centrando-se nos conceitos fundamentais, nas funcionalidades avançadas e nas aplicações práticas no contexto das redes de computadores. Irá explorar em profundidade a arquitetura, a gestão de recursos, a segurança e as ferramentas essenciais do Unix-Linux, de modo a desenvolver uma experiência sólida e relevante nestas áreas cruciais da computação.

Graças a uma abordagem pedagógica interactiva, a exemplos concretos, a exercícios práticos e a estudos de casos resolvidos, adquirirá competências técnicas essenciais para administrar, otimizar e automatizar tarefas de administração de sistemas e de gestão de redes com Unix-Linux. Será também apresentado às boas práticas de segurança de sistemas e dados, otimização do desempenho e resolução de problemas comuns encontrados num ambiente Unix-Linux.

O objetivo deste livro é fornecer-lhe um recurso abrangente e prático para aprofundar os seus conhecimentos e melhorar as suas competências em sistemas operativos Unix-Linux, preparando-o para os desafios profissionais que irá enfrentar no domínio das redes de computadores. Quer pretenda prosseguir os seus estudos, desenvolver a sua carreira ou simplesmente aprofundar os seus conhecimentos de informática, este livro será um guia inestimável para o acompanhar no seu percurso de aprendizagem.

Obrigado pelo seu interesse e empenho em aprender sobre este assunto crucial. Estamos confiantes de que este livro o dotará das competências e conhecimentos necessários para se destacar na utilização e gestão de sistemas operativos Unix-Linux num ambiente de rede.

Esperamos que este livro lhe seja útil na sua carreira académica e profissional, e encorajamo-lo a explorar, experimentar e aprofundar as suas competências ao longo da sua formação. Esperamos que goste de o ler e de descobrir o excitante mundo do Unix-Linux!

Desejamos-lhe o maior sucesso nos seus estudos e na sua futura carreira profissional. Que este livro sobre o sistema operativo Unix-Linux o acompanhe e o ajude a desenvolver as suas competências e conhecimentos na área das redes de computadores. Esperamos que aplique os conhecimentos adquiridos neste livro e que tenha sucesso na sua carreira académica e profissional.

Boa leitura e boa aprendizagem!

Com os melhores cumprimentos

O autor do livro

No **Linux** e no **Unix**, tudo é um ficheiro. Os diretórios são ficheiros, os ficheiros são ficheiros e os dispositivos são ficheiros.

O sistema operativo Unix/Linux desempenha um papel essencial na informática[1]. É muito utilizado pelos profissionais da informática devido ao seu desempenho, estabilidade e possibilidade de personalização. Por conseguinte, é essencial adquirir um bom conhecimento deste sistema operativo, especialmente para os estudantes de Informática.

Vantagens da aprendizagem do sistema operativo Unix/Linux:

1. **Elevada procura no mercado de trabalho**:

Os profissionais com competências em Unix/Linux são muito procurados no sector das TI, oferecendo muitas oportunidades de emprego.

2. **Estabilidade e fiabilidade**:

O Unix/Linux é conhecido pela sua estabilidade e fiabilidade, o que o torna uma escolha ideal para sistemas de missão crítica e aplicações exigentes.

3. **Flexibilidade e personalização:**

O Unix/Linux permite aos utilizadores personalizarem o seu ambiente de trabalho de acordo com as suas necessidades específicas, oferecendo uma grande flexibilidade.

4. **Grande comunidade de apoio:**

O Unix/Linux beneficia de uma grande comunidade de utilizadores, o que significa que existem sempre recursos disponíveis para ajuda e aconselhamento.

1

[1] Jean-Yvon Bimen, *Histoire de l'informatique,* Presses universitaires de France, 1992, 2e ed., 127 p. (ISBN 9782-13-044607-1).

Referências

1. Maurice J. Bach, "The Design of the UNIX Operating System" - Prentice Hall, 1986.
2. Brian W. Kernighan, Rob Pike, "The UNIX Programming Environment" - Prentice Hall, 1984.
3. Evi Nemeth, Garth Snyder, Trent R. Hein, Ben Whaley, "Unix and Linux System Administration Handbook" - Addison-Wesley Professional, 2017.
4. Richard Stevens, "Advanced Programming in the UNIX Environment" - Addison- Wesley Professional, 2013.
5. Mark G. Sobell, "A Practical Guide to Linux Commands, Editors, and Shell Programming" - Prentice Hall, 2017.
6. Jean-Yvon Birrien, *Histoire de l'informatique*, Presses universitaires de France, 1992, 2e ed., 127 pp. (ISBN 978-2-13-044607-1). (ISBN 978-2-13-044607-1).
7. Bovet, D. P., & Cesati, M. (2005). *Understanding the Linux Kernel* (3ª ed.). O'Reilly Media.
8. Russinovich, M. E., & Solomon, D. A. (2009). *Windows Internals* (5ª ed.). Microsoft Press.
9. Singh, A. (2006). *Mac OS X Internals: A Systems Approach*. Addison-Wesley Professional.
10. McKusick, M. K., & Neville-Neil, G. V. (2004). *O Design e a Implementação do Sistema Operacional FreeBSD*. Addison-Wesley Professional.

Uma breve descrição do sistema operativo Unix/Linux

O sistema operativo é o coração de cada computador, orquestrando a utilização de recursos como processadores, memória, discos e periféricos.

Neste livro, mergulhamos no fascinante mundo Unix e Linux, dois sistemas que moldaram a computação moderna.

1. Unix: O sábio ancião

- História: Nascido nos Laboratórios Bell em 1969, o Unix foi desenvolvido por Ken Thompson e Dennis Ritchie (o criador da linguagem C). Rapidamente conquistou o mundo das TI e inspirou inúmeras variantes.
- Caraterísticas :

Tudo é um ficheiro: O Unix considera tudo (incluindo os periféricos) como ficheiros.

Multitarefa com partilha de tempo: Vários programas são executados em simultâneo.

Multiutilizadores: Várias pessoas podem trabalhar no mesmo sistema.

Shell como interpretador de comandos: O Shell permite-lhe interagir com o sistema.

Configuração armazenada como texto: fácil de gerir.

Disponível em várias arquitecturas de hardware: desde PCs a supercomputadores.

Utilizado em universidades, centros de investigação e servidores de Internet.

2. Linux: O herdeiro livre

- História: Em 1991, Linus Torvalds, um estudante finlandês, criou o kernel Linux. Milhares de colaboradores participaram no seu desenvolvimento.
- Software livre: O Linux é de fonte aberta, código disponível na Internet.
- Distribuições Linux: Cada distribuição (Ubuntu, Fedora, etc.) adiciona de instalação e administração ao kernel Linux.

Que esta exploração dos sistemas Unix e Linux o inspire na sua escrita.

Capítulo 1

Introdução ao Unix/Linux

1.1 História e desenvolvimento do sistema operativo Unix/Linux

A génese do Unix

Un PDP-7

UM PDP-7

Em 1969, Ken Thompson e Dennis Ritchie, então a trabalhar para os Laboratórios Bell, desenvolveram a primeira versão de um sistema operativo de utilizador único com o nome de *New Ken's System*. Fizeram-no num minicomputador DEC PDP-7 (*Programmed Data Processor*) com o General Comprehensive Operating System e escreveram o novo software em linguagem assembly. O nome Unics foi sugerido por Brian Kernighan na sequência de um trocadilho 'latino' com Multics; "Multi-car Multics fazia a mesma coisa de várias maneiras, enquanto Unics fazia tudo de uma só maneira". O nome foi mais tarde contratado para Unix (e eventualmente registado como UNIX pela AT&T), por iniciativa de Brian Kernighan.

Um decreto de consentimento que data de 1956 proibia a AT&T, a empresa a que pertenciam os Bell Labs, de comercializar qualquer coisa que não fosse equipamento telefónico ou telegráfico. Foi por isso que, em 1975, foi tomada a decisão de distribuir o sistema Unix completo, com o seu código fonte, às universidades para fins educativos, em troca uma licença a um preço muito baixo. Em 1971, ciente da dificuldade manter um sistema escrito em linguagem assembly, Ken Thompson considerou a possibilidade de reescrever o Unix em TMG, mas descobriu que a TMG não oferecia o que ele precisava. Durante um curto período de tempo, considerou reescrever o Unix em Fortran, mas finalmente concebeu B com a ajuda de Dennis Ritchie em 1969 e 1970, baseado na linguagem BCPL. No entanto, o Unix nunca foi reescrito em B; B não suportava tipos, todas as variáveis tinham o mesmo tamanho que as palavras da arquitetura, a aritmética em floats não estava implementada e o compilador de B utilizava código com threads. Assim, em 1971, Dennis Ritchie começou a escrever *New B*, que foi rebaptizado C. O C continua a ser uma das linguagens mais utilizadas atualmente.

Ken Thompson e Dennis Ritchie apresentaram o primeiro artigo sobre o Unix no Simpósio sobre Princípios de Sistemas Operativos na Universidade de Purdue em 1973. O Professor Bob Fabry da Universidade da Califórnia em Berkeley (UCB), que se encontrava na plateia, ficou imediatamente interessado e, em janeiro de 1974, Keith Standiford, um estudante , instalou *a Versão 4* na UCB, distribuída em fita magnética.

No início de 1975, Ken Thompson passou um ano como professor visitante na sua *alma mater*, a UBC. Juntamente com Jeff Schriebman e Bob Kridle, criaram *a Versão 6*, que foi quando o Unix começou a ser distribuído fora dos Bell Labs.

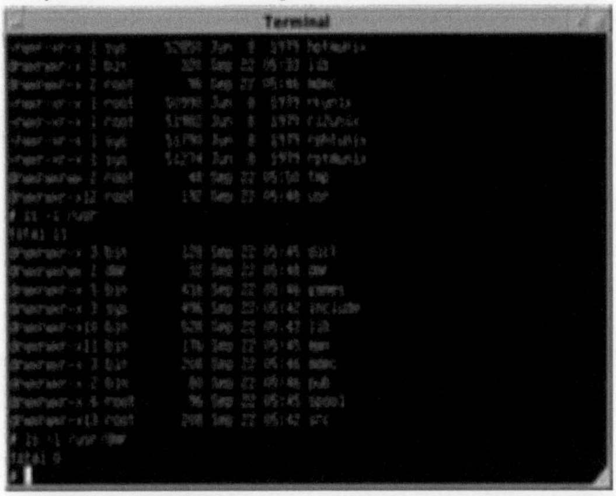

Unix versão 7 num emulador PDP-11

No outono de 1975, Bill Joy e Chuck Haley, então no seu segundo ano, interessaram-se pelo novo sistema e implementaram o editor *ex-line* em Pascal, acabando por explorar o funcionamento do kernel quando Ken Thompson saiu. Alan Snyder, Steven C. Johnson e Michael Lesk entre 1973 e 1977. No início deste último ano, Bill Joy produziu a primeira *Berkeley Software* Distribution (BSD). Mais tarde, com a chegada de novos terminais, escreveu o vi (o editor visual), uma sobreposição *para o ex*. No verão de 1978, nasceu a *Segunda Distribuição de Software de Berkeley* ou 2BSD.

Ao mesmo tempo, surgiam os conceitos de datagramas e de computação distribuída, com a Arpanet, a rede Cyclades e a Distributed System Architecture, que se tornou o modelo OSI-DSA em 1978. O aumento das comunicações entre máquinas em diferentes centros de investigação demonstrou a utilidade de sistemas operativos abertos e convergentes, que se tornariam uma necessidade com as primeiras estações de trabalho que incluíam o TCP/IP da Sun Microsystems, criadas por Andy Bechtolsheim, Bill Joy, Vinod Khosla e Scott McNealy.

Então, em dezembro de 1979, Bill Joy distribuiu o 3BSD, a primeira distribuição a suportar computadores DEC VAX. Foi também nesse ano que foi lançada a versão 7, com uma série de alterações notáveis, como o aumento do tamanho máximo dos ficheiros para 2 GB, a adição de vários utilitários e, acima de tudo, o facto de tornar o sistema mais *portátil*, o que significa que era mais fácil modificá-lo para que funcionasse noutras plataformas de hardware. Foi nesta altura que foi produzida a primeira grande porta do Unix, a versão 32/V, num VAX 11/780.

Expansão

No final de 1977, investigadores da Universidade da Califórnia introduziram numerosas melhorias no sistema Unix fornecido pela AT&T e distribuíram-no sob o nome de Berkeley Software Distribution (ou BSD). O BSD foi, por exemplo, o primeiro sistema Unix a utilizar plenamente o mecanismo de memória virtual paginada do VAX 11/780.

Surgiram três grandes ramos de desenvolvimento das fontes:

- O ramo de investigação da AT&T, que desenvolveu as edições 8th, 9(th) e 10(th) do sistema Unix nos Laboratórios Bell até 1990.
- O braço comercial da AT&T, que desenvolveu o System III, e depois quatro edições do System V (System V, SVR2, SVR3, SVR4).
- Berkeley Software Distribution desenvolvido pela Universidade da Califórnia em Berkeley até 1994.

Estes ramos tomaram emprestado código e/ou conceitos uns dos outros. Assim :

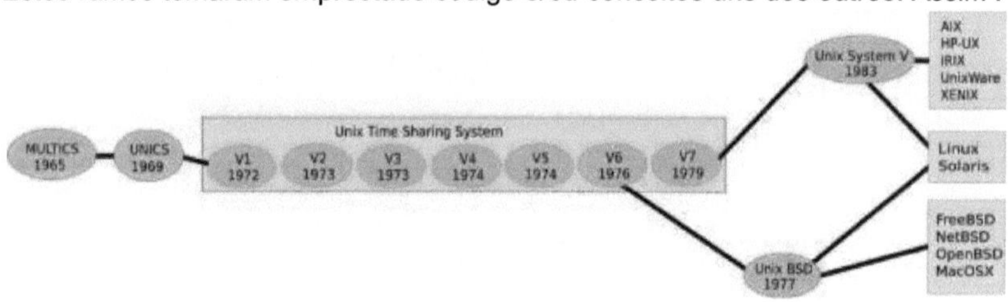

Cronologia e parentesco dos vários sistemas Unix e afins.

- A 8th edição é baseada na versão 4.1 do BSD.
- A versão SVR3 adoptou o conceito de fluxos normalizados da ^{8a} edição.
- A versão SVR4 incorpora muito código da versão BSD 4.3.
- A versão 4.4 BSD contém uma quantidade muito pequena de código da versão SVR4.

Utilizações do Unix

Existe um grande número de variantes do Unix, cada uma com as suas caraterísticas específicas, permitindo que os sistemas Unix sejam utilizados num grande número de ambientes diferentes.

Dispositivos móveis

Vários sistemas operativos para dispositivos móveis (smartphones, tablets, PDAs, etc.) são sistemas Unix. Entre eles, o iOS e o Android, que partilham mais de 85% do mercado dos smartphones.

Supercomputadores

Desde novembro de 2017, o Linux é o único sistema operativo utilizado pelos 5o0 supercomputadores mais potentes do mundo. Outros sistemas Unix ainda equipavam alguns desses computadores em 2016. Entre 1995 e 2000, os sistemas Unix que não o Linux (incluindo Berkeley Software Distribution, Solaris, AIX, UNICOS e HP-UX) equipavam mais de 90% destes computadores.

Estações de trabalho e servidores

Atualmente, restam apenas algumas versões do Unix produzidas pelos principais fabricantes de estações de trabalho e servidores:

. IBM : AIX ;

- Oracle : Solaris ;
- Hewlett-Packard : HP-UX ;
- Grupo SCO: UnixWare

A filosofia inicial dos fabricantes de estações de trabalho e servidores Unix era desenvolver um sistema operativo para poder vender as suas máquinas, acrescentando, se possível, um pequeno "extra" para as distinguir da concorrência. Esquecendo que a maior parte dos sistemas Unix são heterogéneos e que qualquer diferença de uma máquina para outra, mesmo quando criada com as melhores intenções do mundo, ameaça a interoperabilidade e constitui, por isso, um risco real de contra-produtividade, uma vez que obriga os informáticos a efetuar numerosas operações fastidiosas para interligar os sistemas.

Esta é uma das razões pelas quais muitos destes fabricantes oferecem atualmente o sistema GNU/Linux nos seus servidores. No entanto, as diferenças entre as várias distribuições Linux colocam muitas vezes os mesmos problemas, embora em menor grau.

Alguns programas de conceção assistida por computador estiveram durante muito tempo disponíveis apenas para estações de trabalho Unix, mas à medida que este mercado se reduziu, tornaram-se também disponíveis para outros sistemas. É o caso, por exemplo, do CATIA, utilizado nomeadamente pelos grandes construtores industriais, como a Dassault Aviation, a PSA Peugeot Citroên e a Boeing, que é executado no Microsoft Windows desde a versão 5, enquanto a versão Unix foi descontinuada desde a versão 6.

1.2. Principais caraterísticas e vantagens.

O que é o Unix?

O Unix é um dos **sistemas operativos mais antigos**. Desde a sua criação, desenvolveu-se numa grande família de sistemas operativos com muitas variantes. [2]Existem versões gratuitas de código aberto, bem como variantes proprietárias, a maioria das quais foi oficialmente licenciada pelo Open Group e oferecida mediante pagamento. Atualmente, o Unix é instalado principalmente em **servidores e, em especial, em estações de trabalho de elevado desempenho**. As principais caraterísticas deste sistema operativo são :

- código aberto até à década de 1980, depois proprietário ;
- também estão disponíveis ramificações de código aberto (por exemplo, FreeBSD);
- um dos primeiros sistemas operativos baseados na linguagem de programação C;
- independente de qualquer plataforma de hardware e tipo de processador (o código Unix baseado em C é portátil e pode ser ajustado de forma flexível ao ambiente de hardware em causa);
- multitarefa (vários programas ou processos podem ser facilmente executados em paralelo);

[2] Maurice J. Bach, "The Design of the UNIX Operating System" - Prentice Hall, 1986.

- sistema multi-utilizador (vários utilizadores podem trabalhar no mesmo sistema, e os dados e recursos podem ser bloqueados ou partilhados para acesso por outros utilizadores);
- adaptados a sistemas multiprocessador ;
- o núcleo central do sistema operativo gere as actividades do sistema e dos processos; o software não pertencente ao núcleo está organizado em processos separados;
- sistema de ficheiros hierárquico (atualmente padrão, foi uma inovação quando foi introduzido em 1980);
- seguro (existem poucos programas maliciosos baseados em Unix; Unix tem uma boa gestão de direitos, tecnologias de encriptação e acesso remoto via Secure Shell) ;
- compatível com a rede (TCP/IP integrado), extensa funcionalidade de rede (por exemplo, ferramentas de rede Unix), gama completa de serviços como servidor de rede ;
- equipamento básico completo (incluindo e bibliotecas de desenvolvimento essenciais) ;
- conceitos de programação profissional, automatizados por scripting avançado ;
- maior estabilidade do sistema, por exemplo, através da proteção da memória;
- uma interface de programação normalizada (POSIX).

Nota;

O POSIX (Portable Operating System Interface) define uma **interface de programação normalizada** que permite a colaboração operacional em software de aplicação com o sistema operativo Unix. O IEEE e o Open Group são os líderes no desenvolvimento do POSIX. O POSIX constitui a base da Especificação Única UNIX. Um sistema operativo Unix que esteja em conformidade com a especificação UNIX Única pode utilizar a marca registada UNIX (UNIX em maiúsculas, por vezes complementada pelo símbolo de Marca Registada®). Existem ramificações e derivados do Unix que são totalmente compatíveis (por exemplo, o AIX da IBM) ou largamente compatíveis (por exemplo, o Linux) com o POSIX.

Família Unix (esboço)	Ramos / derivados
Derivados do AT&T UNIX/Linha System V	AIX (IBM; certificado como UNIX 98 e 03)
	HP-UX (Hewlett Packard; certificado como UNIX 95 e 03)
	Oracle Solaris (Oracle; certificado como UNIX 95, 98, 03 e V7)
Gama BSD (BSD = Distribuição de Software de Berkeley)	FreeBSD (existem diferentes distribuições e diferentes derivados)
	NetBSD (existem diferentes distribuições e diferentes derivados)
	OpenBSD (existem diferentes distribuições e diferentes derivados)

O que é o Linux?

O Linux é um sistema operativo **disponível gratuitamente** na Internet e desenvolvido por uma comunidade mundial de código aberto. No entanto, existem também projectos de código fechado, principalmente no sector comercial. Tal como o Unix, o Linux também deu origem a numerosas ramificações (conhecidas como "distribuições Linux e derivados" = derivados de uma distribuição Linux) que alargam o kernel do sistema operativo e fazem dele um sistema operativo por direito próprio. **As distribuições Linux** são frequentemente desenvolvidas para uma aplicação específica. Por exemplo, existem sistemas de desktop e sistemas operativos específicos para servidores.

O Linux é frequentemente comparado ao Unix ou referido como um **sistema operativo semelhante ao Unix**, particularmente porque foi concebido como um sistema semelhante ao Unix, inclui caraterísticas típicas do Unix e muitas aplicações Linux também correm em Unix. No entanto, o Linux não contém **qualquer código Unix proprietário**, nem é atualmente verificado pelo Open Group como um sistema UNIX oficial.

As principais caraterísticas do Linux são :

- fonte aberta ;
- desenvolvimento de sistemas abertos por uma comunidade mundial de programadores ;
- na sua maioria gratuitos, com algumas versões comerciais disponíveis mediante pagamento;
- As distribuições Linux complementam o kernel Linux com software prático e orientado para as aplicações;
- adaptados a sistemas multiprocessador ;
- multitarefa (vários programas a funcionar em paralelo) ;
- sistemas multiutilizadores ;
- suporta uma vasta gama de CPUs e plataformas de hardware (PCs de secretária, supercomputadores e computadores mainframe, servidores);
- adequado para pequenos dispositivos móveis e electrónicos (routers, dispositivos de domótica, Internet das Coisas) ;
- O Linux está em em grande parte escritoem C (os programas em C programas a elevada portabilidade entre diferentes sistemas operativos e computadores);
- vasta seleção de software e interfaces de utilizador ;
- caraterísticas de segurança abrangentes (tecnologias de encriptação, gestão sofisticada de sistemas e direitos, Secure Shell para acesso remoto seguro);
- scripting sofisticado (por exemplo, programação e automatização utilizando scripts Shell) ;
- interfaces normalizadas (POSIX, Linux Standard Base/LSB).

Nota

A **Linux Standard Base (LSB)** define as principais **normas** (por exemplo, para interfaces binárias e bibliotecas de programas) para otimizar a compatibilidade entre diferentes distribuições Linux.

Distribuições Linux populares e	Caraterísticas especiais
Debian	Distribuição com uma vasta escolha de software, suporta 12

	arquitecturas de processadores
Ubuntu	Derivado do Debian optimizado para computadores domésticos
Linux Mint	Uma ramificação do Ubuntu concebida para principiantes, com uma gama de ambientes de trabalho
Knoppix	Primeira distribuição live popular (portátil, sem necessidade de instalação), vasta gama de software, derivada de Debian
Gentoo	Distribuição Linux baseada na fonte para utilizadores avançados, o sistema pode ser totalmente personalizado
Red Hat Enterprise Linux (RHEL)	Distribuição de servidores Linux de renome para empresas (atualmente líder de mercado), suporte total graças a fabricantes de software independentes, a pagar, parte do projeto Fedora
Fedora	O sucessor direto do Red Hat Linux (RHL), especializado em sistemas de servidor e de secretária, substitui em muitos casos o RHL cujo desenvolvimento foi interrompido, e destina-se igualmente a principiantes.
openSUSE	Distribuição Linux completa, particularmente popular na Alemanha e nos Estados Unidos, utiliza o gestor de pacotes RPM (sistema de gestão de pacotes livre), a sua própria ferramenta de configuração (YaST)

1.3. Diferenças entre Unix e Linux

Comparação das propriedades e funções do Linux e do Unix

Comparando Unix e Linux, existem **muitas semelhanças**. Ambos os sistemas são multi-utilizadores, permitem multitarefas e garantem uma elevada estabilidade do sistema graças à proteção da RAM. Os profissionais de TI e os administradores de sistemas podem utilizar scripts sofisticados e uma linha de comandos para controlar e programar. Os dois sistemas também oferecem **compatibilidade mútua graças à especificação POSIX**. Em particular, isto permite que os utilitários sejam trocados sem problemas e simplifica grandemente as migrações e a portabilidade entre sistemas.

Normalmente, o trabalho em **arquitecturas cliente/servidor** pode ser feito de forma rápida e eficiente com a Unix. O número de utilitários disponíveis também não deixa nada a desejar aos profissionais de TI e administradores de sistemas experientes. E se não encontrarem o que procuram, podem **programar a sua própria aplicação**. Hoje em dia, os utilizadores de Linux podem utilizar sistemas igualmente sofisticados que estão continuamente a ser optimizados e equipados com funcionalidades modernas graças ao desenvolvimento dinâmico da comunidade de código aberto.

Em termos de **software**, os dois sistemas destacam-se pelo seu equipamento básico completo com utilitários e software básico. As distribuições Linux também oferecem um **gestor de pacotes** integrado e de fácil utilização. Através da Internet, este gestor acede ao diretório de software com programas actuais e testados. Um "mantenedor de pacotes" mantém os pacotes de programas num diretório de actualizações, que contém tanto programas gratuitos como pagos.

Além disso, em comparação com o Unix, o Linux oferece uma maior variedade de sistemas operativos e de interfaces de utilizador (por exemplo, os ambientes de trabalho KDE e Gnome), especialmente para os utilizadores normais de computadores de secretária.

Segurança Unix e Linux

A segurança é uma questão fundamental na comparação entre Unix e Linux. Ambos **são** considerados **sistemas operativos particularmente seguros**. A arquitetura específica do sistema torna muito mais difícil causar danos fundamentais. As autorizações e os direitos de acesso podem ser tratados de forma altamente diferenciada e pormenorizada, e **a gestão dos utilizadores** permite separar claramente os utilizadores. Num sistema multi-utilizador, cada utilizador tem o seu próprio espaço de dados ao qual nenhum outro utilizador tem acesso não autorizado. Isto evita qualquer perda de dados devido a uma eliminação acidental. Além disso, os utilizadores não têm acesso a ficheiros importantes do sistema. A Unix e o Linux permitem o acesso remoto seguro através do Secure Shell (SSH). Praticamente todos os sistemas operativos baseados em Unix e Linux oferecem um programa SSH pré-configurado.

Outra vantagem partilhada pelos sistemas Linux e Unix é o facto de o número de **vírus e malware dirigidos a estes sistemas operativos ser insignificante**. A baixa prevalência destes sistemas operativos nos computadores de secretária tem aqui um impacto positivo, uma vez que os piratas informáticos se especializam geralmente na exploração de falhas de segurança em software e hardware particularmente difundidos (por exemplo, programas Windows). No entanto, está a tornar-se claro que os sistemas Linux, em particular, são **cada vez mais visados pelos piratas informáticos** devido à sua crescente prevalência em servidores, routers e dispositivos da Internet das coisas. Consequentemente, as vulnerabilidades de segurança no kernel do Linux têm de ser regularmente corrigidas. Além disso, os servidores Unix e Linux podem espalhar malware para PCs Windows na rede.

Comparação entre a utilização do Linux e do Unix

Durante muitos anos, **não** existia **uma interface de utilizador uniforme** para as versões clássicas do Unix. No entanto, desde meados dos anos 80, o X Window System permite que os vários utilitários sejam equipados uma GUI (interface gráfica do utilizador) que pode ser utilizada com o rato e o teclado. No entanto, devido às diferentes implementações e à disparidade das interfaces gráficas entre as diferentes aplicações, **não se pode falar de um conceito de interface gráfica do utilizador uniforme e transversal às aplicações**. Os actuais sistemas Unix podem utilizar ambientes de trabalho intuitivos, como o KDE e o Gnome.

Estas e outras IGUs também estão disponíveis para Linux. Na medida do possível, a comunidade de programadores pretende fazer do Linux uma solução universal **para praticamente todas as plataformas** disponíveis, e está também a visar grupos-alvo mais vastos com uma maior diversidade interfaces de utilizador facilmente acessíveis. Para o ambiente de trabalho Gnome, por exemplo, existe uma interface de utilizador que permite que **o Linux** seja utilizado **da mesma forma que o Windows 10**.

Para ambos os sistemas operativos (mas principalmente para o Unix), a utilização de um terminal e de uma linha de comandos (conceito de terminal) está generalizada. Isto deve-se em parte ao facto de, particularmente no domínio dos servidores, muitas tarefas administrativas poderem ser executadas e automatizadas **de forma mais económica com uma shell** (mesmo entre computadores na rede). O shell padrão para usar o prompt de comando é chamado Bash na maioria dos sistemas Linux. Muitos sistemas Unix utilizam a shell Bourne.

Unix vs Linux: vantagens e desvantagens

Vantagens do Unix	Vantagens do Linux
Ambiente estável e sofisticado, principalmente para servidores e estações de trabalho.	Um sistema operativo versátil, particularmente bem adaptado ao mercado dos servidores (estão disponíveis distribuições Linux específicas para servidores), muitas nuvens utilizam o Linux.
Funciona numa vasta gama de plataformas de hardware (portabilidade),	Suporte de hardware alargado e independente do fabricante (aplica-se a CPUs
soluções à medida para uma adaptação óptima ao equipamento.	servidores, estações de trabalho, PCs, minicomputadores).
Os sistemas UNIX de pagamento por utilização estão continuamente a ser desenvolvidos para satisfazer as necessidades dos clientes.	A maioria das distribuições é gratuita (CD/DVD, descarregamento da Internet).
Seguro (por exemplo, restrição dos direitos dos utilizadores, cifragem).	Seguro (por exemplo, restrição dos direitos dos utilizadores, cifragem).
Scripting sofisticado (Shell).	Scripting sofisticado (Shell).
Ideal para programadores e administradores de sistemas.	Ideais para programadores e administradores de sistemas, IGUs mais intuitivas especialmente para utilizadores de computadores de secretária.
Grande variedade de programas e ferramentas (muitos dos quais já estão incluídos no sistema operativo).	Grande variedade de programas e ferramentas (muitos dos quais já estão incluídos no sistema operativo).
Particularmente adequado para áreas de negócio críticas.	Com actualizações frequentes, as falhas de segurança são rapidamente corrigidas.
Graças à norma POSIX, as aplicações Unix também podem ser executadas no Linux (migração possível).	Graças à norma POSIX, as aplicações Linux também podem ser executadas em Unix (migração possível).
	Baixos requisitos de hardware, bom desempenho do sistema.
	Versões portáteis sem instalação

	disponíveis (por exemplo, em DVD, pen USB).
Desvantagens do Unix	**Desvantagens do Linux**
Grupo-alvo limitado, centrado em utilizadores experientes e profissionais de TI.	Os principiantes Linux precisarão de um certo tempo para se adaptarem e os novos utilizadores terão de abandonar algum do seu software habitual.
Muitas soluções (específicas) no mercado dos servidores são pagas e estão ligadas ao hardware de um determinado fabricante.	No mercado dos servidores, os custos de assistência podem ser mais elevados se forem utilizadas distribuições comerciais de Linux.
Os requisitos de hardware são normalmente mais elevados (especialmente no caso de sistemas comerciais baseados em licenças).	O Linux falhas de segurança e programas maliciosos (os servidores estão particularmente em risco).
Actualizações pouco frequentes e desenvolvimento lento.	Os drivers para novo hardware (PCs, placas gráficas) são publicados após um determinado período de tempo.
O número de utilizadores está a diminuir, em parte devido ao Linux (especialmente no mercado dos servidores).	Tendência para a fragmentação do desenvolvimento do Linux (grande número de distribuições Linux).
Praticamente insignificante no mercado dos computadores de secretária.	Baixa quota de mercado dos computadores de secretária e portáteis.

Linux vs Unix: uma comparação entre estes sistemas operativos

A história e o desenvolvimento do Unix[3]

Se compararmos diretamente o Unix e o Linux, podemos certamente considerar o Unix um pioneiro da informática. As linhas gerais deste SO (SO = sistema operativo) foram desenvolvidas **na década de 1960** por funcionários dos Bell Labs (cuja empresa-mãe era a AT&T). Após a publicação do código-fonte da versão inicial (datada de 1969), foi criado um grande número de ramificações e sucessores nos anos que se seguiram. Como resultado deste desenvolvimento ramificado e descoordenado, não existe atualmente "uma Unix", mas sim um vasto universo Unix ou uma família Unix. Dentro desta família Unix, duas linhas principais deram o tom durante muitos anos: **BSD e System V**.

A **Berkeley Software Distribution** (BSD) foi criada em 1977 na Universidade da Califórnia, em Berkeley, como uma variante do sistema operativo Unix. Com o tempo, a versão inicial deu origem a uma árvore genealógica completa de derivados do Unix. Entre as distribuições mais conhecidas estão o FreeBSD, o OpenBSD e o NetBSD, a partir dos quais se desenvolveram outros projectos BSD. O software Unix licenciado pelo BSD **pode ser usado livremente**. Por razões de licenciamento, o FreeBSD não inclui mais nenhum código Unix original da linha AT&T.

[3] Brian W. Kernighan, Rob Pike, "The UNIX Programming Environment" - Prentice Hall, 1984.

A **família System V** é o segundo principal ramo de desenvolvimento que produziu os sistemas UNIX da IBM (AIX), Hewlett Packard (HP-uX) e Oracle (Oracle Solaris), que ainda hoje são utilizados comercialmente. Quando foi introduzido em 1983, o System V foi inicialmente utilizado para se referir apenas a um derivado do Unix em particular. Atualmente, é utilizado para designar toda uma família ou classe de derivados Unix **derivados diretamente da linha UNIX da AT&T**, e geralmente sob licença oficial.

As fronteiras entre estas duas famílias de desenvolvimento de sistemas Unix **são fluidas e sobrepõem-se frequentemente**. Atualmente, estes dois ramos principais estão a aproximar-se cada vez mais, uma vez que as inovações técnicas de um ramo são frequentemente adoptadas pela linha concorrente. Na prática, acontece também que um sistema operativo com componentes BSD é oficialmente certificado UNIX pelo Open Group (o macOS código BSD, mas desde a versão Leopard 10.5 tem também certificação oficial UNIX 03).

A idade e o desenvolvimento do Linux

Linux é o jogador mais recente na nossa comparação Linux vs Unix. Este sistema operativo unixóide foi lançado em 1991 pelo seu criador **Linus Thorvalds**. Em rigor, nessa altura, o finlandês apenas tinha disponibilizado um **sistema operativo modular (o kernel Linux)** que funcionava como uma interface central única para uma vasta gama de hardware e que era utilizado para gerir a memória e os processos, bem como funções multitarefa e de segurança.

O kernel do Linux foi então partilhado com a **comunidade de código aberto** em 1992 sob a **licença livre GPL**. A licença deu o pontapé de saída para um desenvolvimento mundial que deu origem a várias **distribuições** e derivados **do Linux**. Uma distribuição, por exemplo, completa o kernel Linux para formar um sistema operativo completo com um compilador, bibliotecas e interfaces para interação com o utilizador. No entanto, as versões lite do Linux, que funcionam muito ao nível do hardware em pequenos dispositivos, por exemplo, requerem apenas uma quantidade relativamente pequena de software adicional.

O projeto GNU é uma das comunidades mais influentes de programadores Linux. As distribuições GNU/LHUX são amplamente utilizadas em sistemas de secretária e servidores. É crucial para o desenvolvimento dinâmico de distribuições e derivados que o universo Linux não esteja sujeito a licenças restritivas, custos de licenças e procedimentos de licenciamento morosos. O Linux foi inicialmente desenvolvido para **os processadores de hardware Intels x86**. Atualmente, está disponível para mais de vinte tipos de CPU. O Linux é também compatível com os processadores ARM para dispositivos móveis e pequenos aparelhos (smartphones, tablets, leitores multimédia, minicomputadores como o Raspberry Pi e vários dispositivos portáteis).

Unix: distribuição, custos e grupos-alvo

Inicialmente, o Unix era utilizado principalmente **nas universidades e em estações de trabalho específicas**. O sistema operativo cada vez mais utilizado nos servidores e nos centros informáticos. Atualmente, os fornecedores de Unix concentram-se em clientes pagantes, principalmente do sector empresarial e industrial (por exemplo, prestadores de serviços financeiros, grandes grupos industriais e clientes do sector da saúde). Atualmente, se alguém quiser utilizar profissionalmente a Unix em servidores ou estações de trabalho, tem geralmente de comprar **versões proprietárias verificadas e licenciadas** da **UNIX** a fabricantes como IBM (AIX), a Oracle (Oracle Solaris) ou a Hewlett Packard (HP-UX). Estes fabricantes oferecem um pacote completo com hardware e software perfeitamente adaptados, pelo que o Unix funciona frequentemente em máquinas PA-R|Sc e Itanium. As taxas de licença variam consoante a extensão do pacote completo de hardware de servidor necessário e o número de licenças de software.

Os clientes dos sectores industrial e empresarial valorizam particularmente a **estabilidade e a segurança** e preferem utilizar os sistemas UNIX propriedade da AT&T em áreas críticas para a empresa. Neste segmento, os sistemas Unix continuarão a desempenhar um papel importante, uma vez que as grandes empresas têm frequentemente **contratos de licenciamento, apoio e manutenção a longo prazo** fornecedores Unix. Além disso, a mudança de um sistema Unix completo e personalizado para outra arquitetura de sistema pode ser bastante dispendiosa e envolve riscos técnicos.

No entanto, de um modo geral, a popularidade e a difusão da Unix **têm vindo a diminuir desde há algum tempo**, em parte devido ao desenvolvimento técnico. Os sistemas Windows e Linux modernos funcionam tradicionalmente com arquitecturas de processador x86, que são relativamente baratas e atualmente maioritárias. Estão a evoluir rapidamente e dominam atualmente o mercado dos servidores normais. Em contrapartida, os sistemas de servidores tradicionais (por exemplo, máquinas Itanium com sistemas UNIX da família System V) **não registam atualmente tantos progressos técnicos** e não são soluções rentáveis.

Tendo sido adaptados desde o início a áreas de aplicação muito específicas e a utilizadores experientes (profissionais de TI, programadores, administradores de sistemas), os sistemas Unix **desempenham normalmente um papel reduzido** no mercado de massas de computadores portáteis e de secretária. No entanto, apesar do declínio da sua utilização e da sua concentração em áreas críticas para a empresa, a influência atual da Unix não deve ser subestimada. Na nossa comparação Unix vs. Linux, os sistemas BSD têm uma pontuação particularmente boa em termos de distribuição. O macOS da Apple utiliza código Unix; os derivados gratuitos do Unix, como o FreeBSD, estão entre os sistemas operativos mais utilizados no mundo para além do mercado de computadores de secretária e portáteis. O FreeBSD é cada vez mais utilizado em servidores de correio eletrónico, servidores Web, firewalls, servidores FTP e servidores DNS. Também é instalado em routers e hardware NAS.

Linux: distribuição, custos e grupos-alvo

Devido às suas vantagens, que são difíceis de ignorar, **o Linux está a tornar-se cada vez mais popular**. O Linux caracteriza-se por um vasto suporte de hardware, código aberto, acesso livre (CD, DVD, descarregamento da Internet), gratuitidade mesmo para instalações múltiplas, desenvolvimento rápido e boa escalabilidade, bem como uma adaptabilidade óptima aos ambientes de hardware e de aplicação e aos perfis de requisitos específicos. Além disso, **a compatibilidade POSIX** facilita a migração de sistemas Unix mais antigos.

O Linux é atualmente mais **popular no sector dos servidores**. Estima-se que pelo menos metade de todos os servidores funcionam com sistemas operativos Linux. Existem também versões pagas especificamente para o mercado dos servidores (Red Hat Enterprise Linux), que oferecem um melhor **apoio ao cliente, mas são também mais caras**. O Linux está também muito difundido no sector dos telemóveis. O popular sistema operativo Android da Google é uma distribuição com um kernel Linux modificado. Os dispositivos mais pequenos (por exemplo, telefones, minicomputadores, routers) utilizam frequentemente versões mais leves do Linux (sistemas Linux incorporados).

No que diz respeito aos computadores de secretária, o Linux desempenha um papel secundário, apesar de ser o terceiro sistema operativo para PC mais popular do mundo desde 2009. Mas esta posição não nos deve enganar, porque em julho de 2020, a sua quota de mercado de visualizações de páginas a nível mundial era de apenas 1,9% (dados recolhidos com base na utilização da Internet com computadores de secretária e portáteis, não incluindo smartphones e tablets).

Mesmo assim, é verdade que a versão **desktop** de baixo custo do **Linux conseguiu estabelecer-se em certos nichos** (por exemplo, instituições e organizações governamentais). No entanto, de um modo geral, o Linux continua a ser visto como a solução preferida dos amadores, dos utilizadores de PC ambiciosos e dos profissionais de TI que, por exemplo, querem ser independentes das empresas americanas e que também sabem utilizar uma linha de comandos. É evidente que muitos utilizadores têm relutância em abandonar o Windows ou o MacOS. Parece que muitos deles **não querem investir num novo sistema operativo** e mudar para novos programas de utilizador.

Linux vs Windows: sistemas operativos postos à prova

A maioria dos utilizadores de PC apenas conheceu o Windows nas suas sucessivas versões. Mas existem alternativas no mercado dos sistemas operativos. As distribuições Linux oferecem muitas vantagens em relação ao produto da Microsoft. Mas é preciso pensar bem antes de decidir mudar de sistema operativo.

Capítulo 2

Estrutura do sistema operativo Unix/Linux

2.1. Kernel e suas funções

O kernel Linux® é o principal componente de um sistema operativo Linux e é a interface entre o hardware de um computador e os seus processos. Assegura a comunicação entre os dois e gere os recursos da forma mais eficiente possível. Que funções tem o kernel de um sistema operativo?

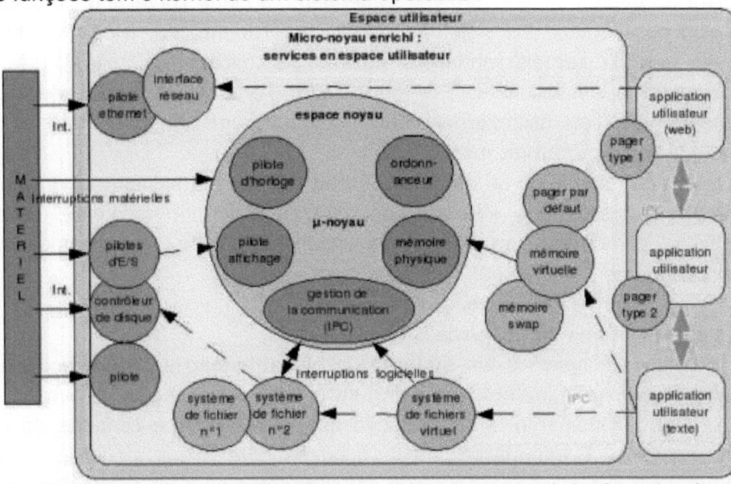

Arquitetura de um microkernel enriquecido por serviços (microkernel enriquecido)

O kernel de um sistema operativo é uma das partes fundamentais de alguns sistemas operativos. Gere os recursos do computador e permite que os vários componentes - hardware e software - comuniquem entre si.

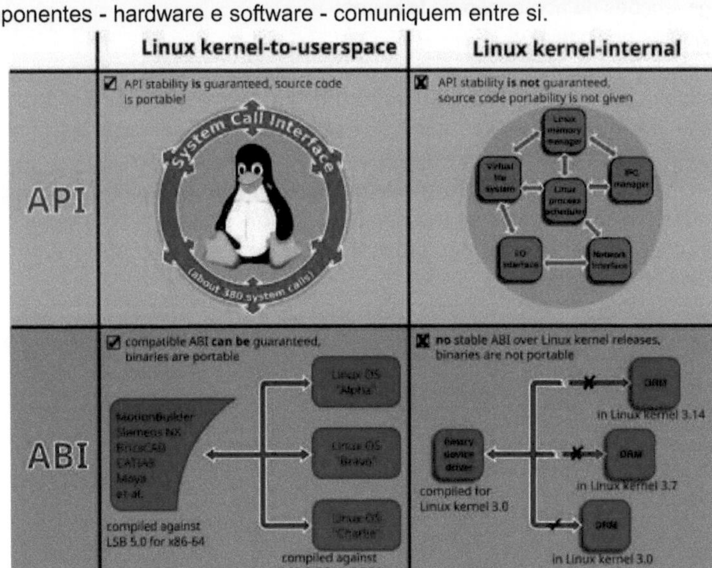

As suas principais caraterísticas são o facto de ser multitarefa e multiutilizador. Está em conformidade com as normas POSIX, o que o torna um herdeiro digno dos sistemas UNIX. Inicialmente, o kernel foi concebido para ser monolítico. Esta escolha técnica foi objeto de debates acesos entre Andrew S. Tanenbaum, um professor da Universidade Livre de Amesterdão que tinha desenvolvido o minix, e Linus Torvalds.

Este famoso debate entre Andrew S. Tanenbaum e Linus Torvalds diz respeito à conceção dos kernels dos sistemas operativos. Tanenbaum, criador do Minix, defendia que os kernels modernos deviam ser microkernels, devido à sua modularidade e estabilidade. [4]Por outro lado, Torvalds, o criador do Linux, argumentou que os microkernels não ofereciam um bom desempenho em comparação com os kernels monolíticos.

Esta discussão teve lugar na década de 1990 e teve uma influência significativa no desenvolvimento dos sistemas operativos. O kernel do Linux, embora monolítico, tornou-se modular, permitindo a adição ou remoção de funcionalidades em tempo real.

2.2. Sistema de ficheiros e gestão de processos

O que é um sistema de ficheiros?

Um sistema de ficheiros é um **sistema de classificação e organização num suporte de armazenamento** que estrutura e organiza a escrita, a pesquisa, a leitura, o armazenamento, a modificação e a eliminação de ficheiros de uma forma específica. É importante que os ficheiros possam ser identificados sem erros graças à sua classificação e que os utilizadores possam **aceder aos seus ficheiros o mais rapidamente possível.** Os sistemas de ficheiros definem igualmente parâmetros como os seguintes:

- Convenções de nomeação de ficheiros
- Atributos do ficheiro
- Controlo(s) de acesso

Os sistemas de ficheiros são também um componente operacional importante, actuando como uma interface entre o sistema operativo e todas as unidades ligadas (internas e externas, através de uma porta USB, por exemplo).

Os sistemas de ficheiros são **formatados** num suporte de dados e os suportes de armazenamento adquiridos atualmente já estão formatados. No passado, era prática comum os utilizadores prepararem novos suportes de dados para armazenar e gerir ficheiros.

[4] http s ://www. wikiwand. com/en/Noy au_L inux

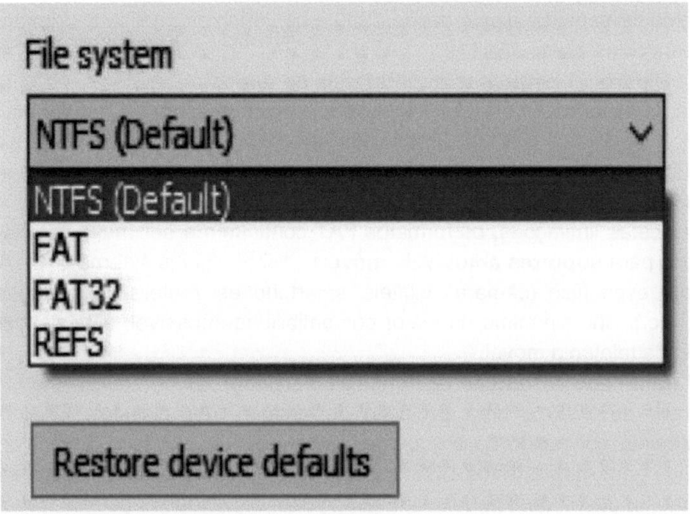

Opções de formatação, incluindo a seleção do sistema de ficheiros para um suporte de dados externo (o formato NTFS é padrão nas versões recentes do Windows).

Visão geral dos principais sistemas de ficheiros

Existem **vários sistemas de ficheiros normalizados** para Windows, macOS, Linux, Unix & Co. Nos últimos anos, a diferenciação aumentou devido aos avanços técnicos, por exemplo, foram desenvolvidos sistemas de ficheiros personalizados para os cada vez mais populares suportes de memória flash (pens USB, unidades SSD). O que todos os sistemas de ficheiros têm em comum é o facto de utilizarem uma estrutura em árvore para a organização, começando pelo diretório raiz. A partir daí, ramificam-se as pastas ou diretórios e as subpastas.

:

Apesar de certas semelhanças, os sistemas de ficheiros **não são geralmente compatíveis entre si**. Por exemplo, se ligar um disco rígido móvel com APFS (Apple File System desde 2017) a um computador Windows, não o conseguirá fazer funcionar. Além disso, os sistemas de ficheiros utilizados no Linux não são

diretamente suportados no suporte por outros sistemas sistemas operativos. Na regra

Em geral, porém, existem soluções em que, por exemplo, **um software especial de fornecedores terceiros** acesso de leitura e escrita a um suporte de dados.

Existem vários sistemas de ficheiros disponíveis atualmente, mas **nem todos são amplamente utilizados**. Atualmente, os sistemas mais comuns são FAT16, FAT32, exFAT e NTFS (Windows), bem como HFS+ e APFS (macOS/Mac OS X). O Linux utiliza atualmente o ext4 (sucessor do ext3 e do ext2), entre outros. Os sistemas de ficheiros mencionados são apresentados resumidamente a seguir.

FAT (tabela de atribuição de ficheiros)

O sistema de ficheiros existe desde 1980 e as variantes publicadas desde então são conhecidas como "FAT12", "FAT16" e "FAT32". A formatação FAT é ideal para gerir e **trocar pequenas quantidades de dados**. Atualmente, no entanto, o sistema de ficheiros FAT está ultrapassado, porque mesmo na sua variante mais recente e poderosa (FAT32, introduzida em 1997), os ficheiros podem ter um tamanho máximo de 4 gigabytes (GB). O FAT32 também limita o tamanho máximo da partição a 8 terabytes (TB).

Apesar destas limitações, os formatos FAT continuam a ser muito comuns. São utilizados para **suportes amovíveis móveis** (discos rígidos externos, pen USB) e hardware específico (câmaras digitais, smartphones, routers, televisores, auto-rádios, etc.). São sinónimo da maior compatibilidade possível, especialmente no domínio da telefonia móvel.

exFAT (tabela de atribuição de ficheiros alargada)

O formato de 2006 é uma evolução do formato FAT clássico. O exFAT foi originalmente concebido para suportes amovíveis e é, por isso, particularmente adequado para **dispositivos** USB, cartões de memória e discos rígidos externos, tais como unidades **de** estado sólido (SSD) com capacidades de armazenamento individuais. No entanto, também pode lidar com ficheiros grandes e **excede** facilmente **o limite de 4 GB** definido pelo FAT32. Desde o Windows 7, o exFAT é suportado nativamente (está presente como uma ferramenta padrão, sem a necessidade de instalar um driver adicional ou um service pack especial).

NTFS (Sistema de Ficheiros de Nova Tecnologia)

O sistema de ficheiros NTFS foi introduzido em 1993 com o sistema operativo Windows NT. Desde o Windows Vista, tem sido o sistema de ficheiros padrão para computadores Windows. Oferece uma série de vantagens em relação ao FAT, como a capacidade **de comprimir suportes de dados** e **de aumentar a segurança dos dados** (por exemplo, através de encriptação). Uma caraterística especial do NTFS é que de acesso e a partilha de ficheiros e pastas podem ser definidos de forma detalhada e exaustiva. Os utilizadores podem atribuir direitos de acesso local e remoto através da rede.

HFS+ (Sistema de ficheiros hierárquico)

O sistema de ficheiros foi introduzido pela Apple em 1998 como um desenvolvimento complementar do HFS. Para distinguir claramente os dois padrões, eles também são chamados de Mac OS Extended (HFS+) e Mac OS Standard (HFS). Em comparação com o HFS, o HFS+ é mais rápido e mais eficiente na gestão, leitura e escrita de dados. Também pode gerir mais ficheiros, com até 4 mil milhões de blocos de ficheiros ou pastas. O Linux pode, em parte, ler e escrever diretamente em discos com HFS+, mas poderá ser necessário instalar pacotes específicos (hfsutils, hfsplus, hfsprogs). No Windows, é necessário software adicional para suporte total ao HFS+.

APFS (Sistema de ficheiros da Apple)

O APFS, que foi desenvolvido pela Apple em 2017, **atende às necessidades dos SSDs modernos em particular**. O APFS foi concebido como um sistema de 64 bits, sendo também possível a encriptação de dados e ficheiros. Se um sistema operativo for baseado num SSD, o sistema de ficheiros é automaticamente convertido de HFS+ para APFS. Esta "formatação automática" foi introduzida com o sistema operativo High Sierra. Desde o Mac OS 10.14 Mojave, as unidades Fusion (unidades lógicas formadas por SSDs e discos rígidos mecânicos) também são automaticamente convertidas para APFS. No entanto, ao converter de HFS+ para APFS, por vezes podem ocorrer problemas.

ext4

O ext4 foi lançado em 2008 como o sucessor da estação 3. O sistema de ficheiros é atualmente padrão em muitos sistemas Linux (por exemplo, Ubuntu). A inovação mais importante é a função Extents, que optimiza a gestão de ficheiros grandes e evita a fragmentação de forma mais eficaz do que os seus antecessores. Com o ext4, as partições podem ser redimensionadas à vontade enquanto o sistema está a funcionar. O tamanho máximo do sistema de ficheiros estava limitado a 32 TB para o ext3, mas para o ext4 é muito superior: 1 exabyte (aproximadamente 1 milhão de Terabytes).

Quadro recapitulativo: os principais sistemas de ficheiros

Nome	Aplicações	Sistemas operativos	Caraterísticas
FAT32	Suportes de dados móveis	- Janelas - Mac OS X/macOS - Linux (instalar controladores, se necessário)	- elevada compatibilidade - suporte extensivo de hardware - sem funções de encriptação ou compressão - A segurança dos dados não é particularmente realçada - ideal para pequenas partituras - tamanho máximo do ficheiro: 4 GB
exFAT	Suportes de dados móveis	- Janelas - Mac OS X/macOS (compatível a partir da versão 10.6.4) - Linux (instalar controladores, se necessário)	- ainda não é uma norma comum. - sem gestão de direitos - sem compressão de dados - ideal para pequenas memórias flash a partir de 32 GB (pens USB, cartões SD) - tamanhos e divisões ilimitados (de acordo com o estado atual da técnica) - tamanho máximo do ficheiro: 512 terabytes
NTFS	Discos rígidos internos e externos	- Janelas - Mac OS X/macOS (completo completo apenas com uma ferramenta adicional) - Linux (após a instalação do controlador)	- administração legal - maior segurança dos dados: proteção contra a perda e alteração de dados, possibilidade de encriptação de dados - Os dados podem ser

			comprimidos,
			elevado desempenho com grandes suportes de dados - especializado em grandes ficheiros e grandes capacidades de armazenamento - não é adequado para discos pequenos e partições com menos de 400 MB (demasiado esforço de gestão) - tamanho máximo do ficheiro: 256 TB
APFS	Unidades SSD	- macOS (padrão a partir da versão 10.13, High Sierra) - Software para utilização com mais antigos Sistemas operativos Mac OS e Windows	- optimizado para unidades de estado sólido (SSD) e outros dispositivos de armazenamento flash - está também a trabalhar em discos mecânicos e híbridos - encriptação de dados possível - gestão optimizada da memória (função de partilha de espaço) - A função de proteção contra falhas protege contra danos no sistema de ficheiros (por exemplo, no caso de uma falha do sistema). - Suporte MacOS para o Fusion Drive 10.14 Mojave - tamanho máximo do ficheiro: 8 Exbibyte
HFS+	Discos rígidos internos e externos	Mac OS X/macOS	- um sistema de ficheiros avançado e comprovado - particularmente adequado para discos mecânicos - não está optimizado para as tecnologias de armazenamento modernas (SSD, Flash)
			- melhor compatibilidade com versões anteriores do que o APFS - vida útil limitada, improvável que seja suportado pela Apple a longo prazo

			- perderá cada vez mais importância em resultado da "conversão forçadaparcialmente automatizada para o APFS - tamanho máximo do ficheiro: 8 Exbibyte
ext4	Linux	- Linux - Windows (apenas com a ferramenta adicionais) - Mac OS X/macOS (apenas com uma ferramenta adicional)	Em comparação com as versões anteriores do Ext : - melhor desempenho - maior segurança dos dados - encriptação integrada (a partir do kernel Linux 4.1) - a nova função Extents oferece vantagens em termos de rapidez na gestão de grandes ficheiros e evita a fragmentação - gestão de direitos possível - tamanho máximo do ficheiro: 16 TB

Alterar os sistemas de ficheiros: é possível?

A compatibilidade é muito importante ao escolher um formato, por exemplo, se pretender utilizar um disco rígido externo não só localmente no seu PC, mas também em várias plataformas e dispositivos. Para obter a máxima flexibilidade na transferência de dados entre um dispositivo Apple e um dispositivo Windows, por exemplo, recomendamos a formatação com o sistema de ficheiros exFAT. [5]**A escolha correta quando se trata de formatar** um suporte de dados é, portanto, de grande importância e pode evitar problemas e restrições na troca diária dados. No entanto, se as condições básicas estiverem reunidas (por exemplo, o hardware atual), o sistema também pode ser substituído em qualquer altura, por exemplo, para passar de um sistema de ficheiros antigo para um **mais moderno**. [6]No entanto, é essencial determinar de antemão se uma alteração pode ser feita sem **perder ficheiros e dados**, ou se todos os dados devem primeiro ser copiados e depois copiados para o novo suporte de dados. Existem programas gratuitos e pagos para estas transferências que tornam o processo mais seguro e mais cómodo. No entanto, isto também pode ser feito em parte utilizando os recursos incorporados de um sistema operativo. No nosso artigo "Formatação de uma pen USB", pode descobrir, por exemplo, como alterar o sistema de ficheiros de uma pen USB diretamente no Windows.

Comandos de gestão de processos do sistema

A tabela seguinte descreve os comandos para gerir os processos do sistema.

[5] https://www.commentcamarche.net/informatique/stockage/1425-choisir-un-systeme-de-fichiers-pour-le-formatação/

[6] Bovet, D. P., & Cesati, M. (2005). *Understanding the Linux Kernel* (3ª ed.). O'Reilly Media.

Tabela Comandos de gestão de processos

Encomendar	Descrição	Página do manual
ps, pgrep, prstat, pkill	Verifica o estado processos activos em um sistema e apresenta informações pormenorizadas sobre o processo.	ps(1), pgrep(1) eprstat(1M)
Matar	Funciona exatamente como o pgrep, mas procura ou marca processos por nome ou algum outro atributo e termina o processo. Cada processo correspondente é relatado como no comando kill, em vez de ter seu ID de processo impresso.	pgrep(1), e pkill(1) matar(1)
pargs, preap	Facilita a depuração do processo.	pargs(1) e preap(1)
administração	Lista as estratégias de planeamento do processo predefinidas.	dispadmin(1M)
Priocntl	Atribui processos a uma classe de prioridade e gere as prioridades dos processos processo.	priocntl(1)
Bonito	Altera a prioridade de um processo de partilha de tempo	agradável(1).
Psrset	Vincula grupos de processamento a um grupo de processadores em vez de um único processador.	psrset(1M)

A ferramenta Processos na Consola de Gestão do Solaris permite-lhe gerir processos através de uma interface de fácil utilização.

Usando o comando ps

O comando ps permite verificar o status dos processos ativos em um sistema e exibir informações técnicas sobre os processos. Esses dados são úteis para tarefas administrativas, como determinar as prioridades dos processos.

Dependendo das opções utilizadas, o comando ps apresenta as seguintes informações:

- Situação atual do processo
- ID do processo
- ID do processo pai
- ID do utilizador ;
- Aula de programação
- Prioridade
- Endereço do processo
- Memória utilizada
- Tempo de CPU utilizado

A tabela seguinte descreve alguns dos campos indicados pelo comando ps. Os campos apresentados dependem da opção escolhida.

Tabela: Resumo dos campos do relatório ps

Campo	Descrição
`UID`	ID de utilizador efetivo do proprietário do processo.
`PID`	ID do processo.
`PPID`	ID do processo principal.
`C`	Utilização do processador para fins de programação. Este campo não é apresentado quando é utilizada a opção `-c`.
`CLS`	Classe de programação a que pertence o processo, como tempo real, sistema ou time-sharing. Este campo só é incluído com a opção `-c`.
`PRI`	Prioridade de programação da thread do kernel. Um número mais elevado indica uma prioridade mais elevada.
`NI`	Número `agradável` do processo, que contribui para a sua prioridade de programação. Tornar um processo mais agradável é equivalente a baixar a sua prioridade.
`ADDR`	Endereço do `proc`.
`SZ`	Tamanho do endereço virtual do processo.
`WCHAN`	Endereço de um evento ou bloqueio para o qual o processo está em espera.
`ESTILO`	Hora de início do processo em horas, minutos e segundos.
`TTY`	Terminal a partir do qual o processo, ou o seu pai, foi iniciado. Um ponto de interrogação indica que não existe um terminal de controlo.
`TEMPO`	Quantidade total de tempo de CPU utilizada pelo processo desde o seu início.
`CMD`	Comando que gerou o processo.

Utilizar o sistema de ficheiros e os comandos `/proc`

É possível visualizar informações detalhadas sobre os processos listados no diretório `/proc` usando comandos de processo. A tabela a seguir lista comandos de processo `/proc`. O diretório `/proc` também é conhecido como sistema de arquivos de processo (PROCFS). As imagens dos processos activos são armazenadas aqui de acordo com o número de ID do processo.

Tabela: Comandos do processo (`/proc`)

Encomendar o processo	Descrição
`Pcred`	Apresenta informações de identificação do processo.
`Perfis`	Indica informações `fstat` e `fcntl` relativas a ficheiros abertos num processo.
`Pflags`	Imprime indicadores de monitorização `/proc`, sinais em espera e pendentes e outras estado.
`Pldd`	Lista as bibliotecas dinâmicas ligadas a um processo.
`Pmap`	Imprime a configuração do espaço de endereço para cada processo.
`Psi`	Lista as acções de sinalização e os gestores de cada processo.
`Ameixa`	Inicia cada processo.
`Pstack`	Imprime um rastreamento de pilha hexadecimal+simbólico para cada lwp em cada processo.
`Parar`	Pára cada processo.
`Ptime`	Contabiliza o tempo gasto por um processo utilizando a contabilidade de microestados.
`Ptree`	Apresenta as árvores de processos que contêm o processo.

Pwait	Apresenta informações sobre o estado após a conclusão de um processo.
Pwdx	Apresenta o diretório de trabalho atual de um processo.

Para mais informações, consulte proc(1).

As ferramentas de processo são semelhantes a algumas opções do comando ps, exceto que a saída fornecida por esses comandos é mais detalhada.

geral, os comandos de processo efectuam as seguintes operações:

- Exibe mais informações sobre processos, como os diretórios fstat e fcntl, diretórios de trabalho e árvores de processos pai e filho.
- Controlar os processos, autorizando os utilizadores a interrompê-los ou retomá-los.

Gestão de processos com comandos de processo (/proc)

É possível exibir informações técnicas detalhadas sobre processos ou controlar processos ativos usando certos comandos de processo. Ver a tabela para uma lista de alguns comandos /proc.

Se um processo estiver preso num ciclo infinito ou estiver a demorar muito tempo a ser executado, pode parar o processo utilizando o comando kill ou pkill, consulte Gerir processos (tarefas) do sistema.

O sistema de ficheiros /proc é uma hierarquia de diretórios que contém subdirectórios adicionais para informações de estado e funções de controlo.

O sistema de ficheiros /proc também fornece uma função xwatchpoint que é utilizada para reconfigurar as permissões de leitura/escrita nas várias páginas do de endereço de um processo. Esta função não tem restrições e é segura para MT.

As ferramentas de depuração modificadas para usar a função xwatchpoint em /proc, o que significa que todo o processo xwatchpoint é mais rápido.

As seguintes restrições removidas quando define xwatchpoints utilizando a ferramenta de depuração dbx:

- Definição de xwatchpoints em variáveis de pilha locais devido a janelas de registo no sistema SPARC.
- Definição de xwatchpoints em processos multithreaded.

Para mais informações, consulte os detalhes sobre proc e mdb.

Lista de processos

- **Use o comando `ps` para listar todos os processos em um sistema.**

```
$ ps [-efc]
```

ps

Apresenta apenas os processos associados à sua sessão de ligação.

`-ef`

Apresenta informações completas sobre todos os processos em execução no sistema.

`-c`

Apresenta informações sobre o agendador de processos.

Exemplo 1 Lista de processos

O exemplo a seguir ilustra a saída do comando `ps` quando nenhuma opção é usada.

```
$ ps
  PID TTY      TIME COMD
 1664 pts/4    0:06 csh
 2081 pts/4    0:00 ps
```

O exemplo a seguir ilustra a saída do comando `ps - ef`. Essa saída indica que o primeiro processo executado quando o sistema é inicializado é o `sched` (o swapper), seguido por `init`, `pageout` e assim por diante.

```
$ ps -ef
     UID   PID  PPID  C    STIME TTY        TIME CMD
    root     0     0  0   Dec 20 ?          0:17 sched
    root     1     0  0   Dec 20 ?          0:00 /etc/init -
    root     2     0  0   Dec 20 ?          0:00 pageout
    root     3     0  0   Dec 20 ?          4:20 fsflush
    root   374   367  0   Dec 20 ?          0:00 /usr/lib/saf/ttymon
    root   367     1  0   Dec 20 ?          0:00 /usr/lib/saf/sac -t 300
    root   126     1  0   Dec 20 ?          0:00 /usr/sbin/rpcbind
    root    54     1  0   Dec 20 ?          0:00 /usr/lib/sysevent/syseventd
    root    59     1  0   Dec 20 ?          0:00 /usr/lib/picl/picld
    root   178     1  0   Dec 20 ?          0:03 /usr/lib/autofs/automountd
    root   129     1  0   Dec 20 ?          0:00 /usr/sbin/keyserv
    root   213     1  0   Dec 20 ?          0:00 /usr/lib/lpsched
    root   154     1  0   Dec 20 ?          0:00 /usr/sbin/inetd -s
    root   139     1  0   Dec 20 ?          0:00 /usr/lib/netsvc/yp/ypbind ...
    root   191     1  0   Dec 20 ?          0:00 /usr/sbin/syslogd
    root   208     1  0   Dec 20 ?          0:02 /usr/sbin/nscd
    root   193     1  0   Dec 20 ?          0:00 /usr/sbin/cron
    root   174     1  0   Dec 20 ?          0:00 /usr/lib/nfs/lockd
  daemon   175     1  0   Dec 20 ?          0:00 /usr/lib/nfs/statd
    root   376     1  0   Dec 20 ?          0:00 /usr/lib/ssh/sshd
    root   226     1  0   Dec 20 ?          0:00 /usr/lib/power/powerd
    root   315     1  0   Dec 20 ?          0:00 /usr/lib/nfs/mountd
    root   237     1  0   Dec 20 ?          0:00 /usr/lib/utmpd
      .
      .
      .
```

Visualização das informações do processo

1. **Obter o ID do processo para o qual pretende visualizar mais informações.**

```
# pgrep process
```

onde *processo* é o nome do processo para o qual se deseja exibir mais informações.

O ID do processo é apresentado na primeira coluna da saída.

2. **Apresentar as informações do processo de que necessita.**

```
# /usr/bin/pcommand pid
```

pcomando

Representa o comando (`/proc`) a ser executado. A Tabela 12-3 lista e descreve estes comandos.

pid

Identifica o ID do processo.

Exemplo 2 Visualizar informações sobre o processo

O exemplo seguinte ilustra como os comandos de processo podem ser utilizados para apresentar mais informações sobre um processo `cron`.

```
# pgrep cron 1
4780
# pwdx 4780 2
4780:   /var/spool/cron/atjobs
# ptree 4780 3
4780  /usr/sbin/cron
# pfiles 4780 4
4780:   /usr/sbin/cron
  Current rlimit: 256 file descriptors
   0: S_IFCHR mode:0666 dev:290,0 ino:6815752 uid:0 gid:3 rdev:13,2
      O_RDONLY|O_LARGEFILE
      /devices/pseudo/mm@0:null
   1: S_IFREG mode:0600 dev:32,128 ino:42054 uid:0 gid:0 size:9771
      O_WRONLY|O_APPEND|O_CREAT|O_LARGEFILE
      /var/cron/log
   2: S_IFREG mode:0600 dev:32,128 ino:42054 uid:0 gid:0 size:9771
      O_WRONLY|O_APPEND|O_CREAT|O_LARGEFILE
      /var/cron/log
   3: S_IFIFO mode:0600 dev:32,128 ino:42049 uid:0 gid:0 size:0
      O_RDWR|O_LARGEFILE
      /etc/cron.d/FIFO
   4: S_IFIFO mode:0000 dev:293,0 ino:4630 uid:0 gid:0 size:0
      O_RDWR|O_NONBLOCK
   5: S_IFIFO mode:0000 dev:293,0 ino:4630 uid:0 gid:0 size:0
      O_RDWR
```

1. Obtém o ID do processo `cron`.
2. Apresenta o diretório de trabalho atual do processo `cron`.
3. Apresenta a árvore de processos que contém o processo `cron`.
4. Apresenta informações sobre `fstat` e `fcntl`.

Controlo de processos

1. **Obter a identificação do processo a ser controlado.**

```
# pgrep process
```

pgrep *process*

em que *processo* é o nome do processo a ser controlado.

O ID do processo aparece na primeira coluna da saída.

2. **Utilize o comando de processo adequado para controlar o processo.**

```
# /usr/bin/pcommand pid
```

/usr/bin/pcommand pid

pcomando

Representa o comando do processo (`/proc`) a ser executado.

Este documento lista e descreve estes comandos.

pid

Identifica o ID do processo.

3. **Verificar o estado do processo.**

```
# ps -ef | grep pid
```

 # ps -ef | grep *pid*

Exemplo 3 Controlo do processo

O exemplo seguinte mostra como utilizar o comando process para parar e reiniciar o processo `dtpad`.

```
# pgrep dtpad 1
2921
# pstop 29212
# prun 2921 3
```

1. Obtém a ID do processo dtpad.
2. Pára o processo dtpad.
3. Reinicia o processo dtpad.

Parar um processo (pkill, kill)

Por vezes é necessário parar (interromper) um processo. O processo pode estar num loop infinito. Ou o utilizador pode ter iniciado um grande trabalho que pretende parar estar concluído. Pode interromper um processo que lhe pertença. Um superusuário pode interromper qualquer processo no sistema, exceto os processos com IDs 0, 1, 2, 3 e 4. A interrupção desses processos pode causar a falha do sistema.

Para mais informações, veja as páginas de manual do pgrep(1), pkill(1) e kill(1).

Fim do processo (pkill)

1. (Opcional) **Para terminar o processo de outro utilizador, inicie sessão como superutilizador (ou função equivalente).**
2. **Obtém o ID do processo a ser terminado.**

```
$ pgrep process
```

onde *processo* é o nome do processo a ser terminado.

Exemplo:

```
$ pgrep netscape
587
566
```

O ID do processo é apresentado na saída.

Nota - Para obter mais informações sobre um processo Sun Ray, utilize os seguintes comandos :

```
# ps -fu user
```

Este comando lista todos os processos do utilizador.

```
# ps -fu user | grep process
```

Este comando procura um processo específico para um utilizador.

3. **Terminar o processo.**

```
$ pkill [signal] process
```

Quando nenhum sinal é incluído na sintaxe da linha de comando pkill, o sinal padrão usado é -15 (SIGKILL). O uso do sinal -9 (SIGTERM) com o comando pkill garante que o processo seja encerrado o mais rápido possível. No entanto, o sinal -9 não deve ser usado para parar certos processos, por exemplo, um banco de dados ou um processo de servidor LDAP. Isso pode resultar na perda de dados.

processo

Representa o nome do processo a ser parado.

Dica - Quando você usa o comando `pkill` para interromper um processo, use o próprio comando primeiro, sem incluir uma opção de sinal. Espere alguns minutos para ver se o processo termina antes de usar o comando `pkill` com o sinal -9.

4. **Verificar se o processo foi interrompido.**

```
$ pgrep process
```

O processo interrompido não deve mais aparecer na saída do comando `pgrep`.

Fim do processo (`kill`)

1. (Opcional) **Para terminar o processo de outro utilizador, inicie sessão como superutilizador (ou função equivalente).**
2. **Obter o ID do processo a ser parado.**

```
$ ps -fu user
```

em que *user* é o utilizador cujos processos se pretende apresentar.

O ID do processo é apresentado na primeira coluna da saída.

3. **Terminar o processo.**

```
$ kill [signal-number] pid
```

sinal

Quando nenhum sinal é incluído na sintaxe da linha de comando `kill`, o sinal padrão usado é -15 (`SIGKILL`). Usar o sinal -9 (`SIGTERM`) com o comando `kill` garante que o processo seja encerrado o possível. No entanto, o sinal -9 não deve ser usado para parar certos processos, por exemplo, um banco de dados ou um processo de servidor LDAP. Isso pode resultar na perda de dados.

pid

Representa o ID do processo a ser parado.

Dica - Quando você usa o comando `kill` para parar um processo, use o próprio comando primeiro, sem incluir uma opção de sinal. Espere alguns minutos para ver se o processo termina antes de usar o comando `kill` com o sinal -9.

4. **Verificar se o processo foi interrompido.**

```
$ pgrep pid
```

O processo interrompido não deve mais aparecer na saída do comando `pgrep`.

Depuração de um processo (`pargs`, `preap`)

Os comandos `pargs` e `preap` melhoram a depuração de processos. O comando `pargs` imprime os argumentos e variáveis de ambiente associados a um processo ativo ou arquivo do kernel. O comando `preap` exclui processos mortos (zumbis). Um processo zombie ainda não teve seu estado de saída reivindicado por seu pai. [7]Esses processos são geralmente inofensivos, mas

---

7

podem consumir recursos do sistema se houver muitos deles. Você pode usar os comandos `pargs` e `preap` para examinar os processos cujos privilégios você deseja verificar. Como um superusuário, você pode examinar os processos.

Exemplo 4 Depuração de um processo (pargs)

O comando `pargs` resolve um problema de longa data relacionado à impossibilidade de usar o `comando ps` para exibir todos os argumentos passados para um processo. O exemplo a seguir mostra como usar o comando `pargs` com o comando `pgrep` para exibir os argumentos passados a um processo.

```
# pargs `pgrep ttymon`
579:    /usr/lib/saf/ttymon -g -h -p system-name console login:
-T sun -d /dev/console -l
argv[0]: /usr/lib/saf/ttymon
argv[1]: -g
argv[2]: -h
argv[3]: -p
argv[4]: system-name console login:
argv[5]: -T
argv[6]: sun
argv[7]: -d
argv[8]: /dev/console
argv[9]: -l
argv[10]: console
argv[11]: -m
argv[12]: ldterm,ttcompat
548:    /usr/lib/saf/ttymon
argv[0]: /usr/lib/saf/ttymon
```

O exemplo a seguir mostra como usar o comando pargs - e para exibir as variáveis de ambiente associadas a um processo.

```
$ pargs -e 6763
6763: tcsh
envp[0]: DISPLAY=:0.0
```

2.3 Gerir utilizadores e permissões

Gestão de utilizadores e direitos (lista de tarefas)

No Trusted Extensions, o utilizador assume a função de administrador de segurança para administrar utilizadores, permissões, direitos e funções. A lista de tarefas abaixo descreve as tarefas comuns que executa para os utilizadores que trabalham num ambiente etiquetado.

Tarefa	Descrição	Ver
Modificar o intervalo de etiquetas de um utilizador	Modifica as etiquetas com as quais um utilizador pode trabalhar. As alterações podem limitar ou alargar o âmbito autorizado pelo ficheiro label_encodings.	Modificar uma gama de etiquetas de utilizador
Criar um perfil de direitos para autorizações convenientes	Existem várias autorizações que podem ser úteis para os utilizadores normais. Cria um perfil para os utilizadores considerados adequados para estas autorizações.	Criar um perfil de direitos para autorizações convenientes

Russinovich, M. E., & Solomon, D. A. (2009). *Windows Internals* (5ª ed.). Microsoft Press.

Mudar o jogo os privilégios predefinidos de um utilizador	Elimina um privilégio do conjunto de privilégios utilizando predefinição do utilizador.	Limitação de privilégios do utilizador
Desativação do bloqueio de contas para utilizadores individuais	Bloqueio das contas dos utilizadores que podem assumir uma função devem ser desactivadas.	Desativação do bloqueio de contas para determinados utilizadores
Concessão de autorização para alterar a etiqueta de dados num utilizador	Autoriza um utilizador a atualizar ou informação sobre a desvalorização.	Concessão de autorização modificar o nível de segurança dos dados de um utilizador

Eliminação completa de um utilizador e dos seus processos Eliminação de um utilizador
do sistema.processo conta de utilizador

Sistema de Extensões de Confiança

Modificar uma gama de etiquetas de utilizador

Poderá querer alargar o intervalo de etiquetas de um utilizador para lhe dar permissões de leitura a uma aplicação de administração. Por exemplo, um utilizador autorizado a ligar-se à zona global pode ver a lista de sistemas em execução numa determinada etiqueta. O utilizador pode ver o conteúdo, mas não o pode modificar.

Também pode querer restringir o intervalo de etiquetas do utilizador. Por exemplo, um utilizador convidado pode estar limitado a uma etiqueta.

Antes de começar

Tem de ser um administrador de segurança na zona global.

- Efetuar uma das seguintes acções:

- **Para alargar a gama de etiquetas do utilizador, atribuir uma autorização de nível superior.**

```
# usermod -K min_label=INTERNAL -K clearance=ADMIN_HIGH jdoe
```

Também é possível alargar o intervalo de etiquetas do utilizador reduzindo etiqueta mínima.

```
# usermod -K min_label=PUBLIC -K clearance=INTERNAL jdoe
```

- **Para limitar a gama de etiquetas a uma única etiqueta, a autorização deve ser igual à etiqueta mínima.**

```
# usermod -K min_label=INTERNAL -K clearance=INTERNAL jdoe
```

Criar um perfil de direitos para autorizações convenientes

[8]Quando permitido pela política de segurança do local, poderá querer criar um

[8] Evi Nemeth, Garth Snyder, Trent R. Hein, Ben Whaley, "Unix and Linux System Administration Handbook" - Addison-Wesley Professional, 2017.

perfil de direitos que contenha permissões para os utilizadores que estão autorizados a executar tarefas que requerem autorização. Para permitir que todos os utilizadores de um determinado sistema sejam autorizados, consulte Alterar as predefinições do policy.conf.

Antes de começar

Tem de ser um administrador de segurança na zona global.

1. **Crie um perfil de direitos que contenha uma ou mais das seguintes permissões.**

As autorizações seguintes podem ser úteis para os utilizadores :

o solaris.device.allocate: autoriza um utilizador a atribuir um dispositivo, um microfone ou um CD-ROM.

Por predefinição, os utilizadores do Oracle Solaris podem ler e escrever num CD-ROM. No entanto, nas Trusted Extensions, apenas os utilizadores que podem atribuir um dispositivo podem aceder à unidade de CD-ROM. A atribuição de discos requer autorização. Por conseguinte, para ler e escrever num CD-ROM em Trusted Extensions, um utilizador necessita da permissão Allocate Device.

o solaris.label.file.downgrade: autoriza um utilizador a baixar o nível de segurança de um ficheiro.

o solaris.label.file.upgrade: autoriza um utilizador a aumentar o nível de segurança de um ficheiro.

o solaris.label.win.downgrade: autoriza um utilizador a selecionar informações de um ficheiro de nível superior e a colocá-las num ficheiro de nível inferior.

o solaris.label.win.noview: autoriza um utilizador a mover informações sem visualizar as informações movidas.

o solaris.label.win.upgrade: autoriza um utilizador a selecionar informações de um ficheiro de nível inferior e a colocá-las num ficheiro de nível superior.

o solaris.login.remote: autoriza um utilizador a ligar-se remotamente.

o solaris.print.nobanner: autoriza um utilizador a imprimir em papel sem uma página de rosto.

o solaris.print.unlabeled: autoriza um utilizador a imprimir em papel sem etiqueta.

o solaris.system.shutdown: autoriza um utilizador a encerrar o sistema e a parar uma zona.

2. **Atribuir o perfil de direitos a um utilizador ou função.**

Para obter um procedimento passo a passo, consulte Modificar os atributos de segurança de um utilizador no manual Oracle Solaris 11.1 Administration: Security Services.

Limitar o conjunto de privilégios de um utilizador

A segurança do site pode exigir que os utilizadores tenham menos privilégios do que aqueles que lhes são atribuídos por predefinição. Por exemplo, num site que utilize Trusted Extensions em sistemas Sun Ray, poderá querer impedir que os utilizadores visualizem os processos de outros utilizadores no servidor Sun Ray.

Antes de começar

Tem de ser um administrador de segurança na zona global.

- **Remover um ou mais privilégios no jogo** básico.

⚠ **Aviso** - Não elimine o privilégio proc_fork ou proc_exec. Sem estes privilégios, um utilizador não pode utilizar o sistema.

```
# usermod -K defaultpriv=basic,!proc_info,!proc_session,!file_link_any
```

Ao remover o privilégio proc_info, você impede que o usuário examine processos que não são originados pelo usuário. Removendo o privilégio proc_session, você impede que o usuário examine processos fora de sua sessão atual. Ao remover o privilégio file_link_any, você impede que o usuário crie links físicos para arquivos que não pertencem ao usuário.

Desativação do bloqueio da conta para determinados utilizadores

Efetuar este procedimento para todos os utilizadores que podem assumir uma função.

Antes de começar

Tem de ser um administrador de segurança na zona global.

- **Desativar o bloqueio de contas para um utilizador local.**

```
# usermod -K lock_after_retries=no jdoe
```

Para desativar o bloqueio de conta para um utilizador LDAP, especifique o repositório LDAP.

```
# usermod -S ldap -K lock_after_retries=no jdoe
```

Conceder autorização a um utilizador para modificar o nível de segurança dos dados

Um utilizador ou função padrão pode ser autorizado a modificar o nível de segurança ou as etiquetas dos ficheiros, diretórios ou textos selecionados. O utilizador ou a função, para além de ter autorização, deve ser configurado para poder trabalhar em mais do que uma etiqueta. [9]Além disso, as áreas etiquetadas devem ser configuradas para permitir a modificação das suas etiquetas.

⚠ **Aviso** - Alterar o nível de segurança dos dados é uma operação privilegiada. Esta tarefa só pode ser executada por utilizadores de confiança.

Antes de começar

Tem de ser um administrador de segurança na zona global.

- Atribuir o perfil de direitos Object Label Management aos utilizadores e funções adequados.

Exemplo 5 Autorizar um utilizador a atualizar a etiqueta de um ficheiro sem poder fazer a sua desclassificação

O perfil de direitos Object Label Management permite aos utilizadores fazer o upgrade ou downgrade de etiquetas. Neste exemplo, o administrador permite que um utilizador de confiança faça o upgrade mas não o downgrade de dados.

[9] https://www.ibm.com/docs/fr/devops-release/7.0.0?topic=security-roles-permissions

[10]O administrador cria um perfil de direitos com base no perfil de Gestão de Etiquetas de Objectos e remove as permissões Rebaixar Etiqueta de Ficheiro e Rebaixar Informações de Arrastar e Soltar ou Cortar e Colar do novo perfil.

```
# profiles -p "Object Label Management"
profiles:Object Label Management> set name="Object Upgrade"
profiles:Object Upgrade> info auths
...
profiles:Object Upgrade> remove auths="solaris.label.file.downgrade,
solaris.label.win.downgrade"
profiles:Object Upgrade> commit
profiles:Object Upgrade> end
```

O administrador atribui então o perfil a um utilizador de confiança.

```
# usermod -P +"Object Upgrade" jdoe
```

Eliminar uma conta de utilizador de um sistema Trusted Extensions

Quando um usuário é eliminado do sistema, é necessário garantir que o diretório pessoal do usuário e todos os objetos pertencentes a ele também sejam eliminados. Como alternativa à eliminação de objectos pertencentes ao utilizador, é possível transferir a propriedade desses objectos para um utilizador válido. Também é necessário garantir que todos os processos em lote associados ao utilizador sejam igualmente eliminados. Nenhum objeto ou processo pertencente a um usuário eliminado pode permanecer no sistema.

Antes de começar

O utilizador deve ser um administrador de sistema na zona global.

1. **Arquivar o diretório pessoal do utilizador em cada etiqueta.**
2. **Arquivar os ficheiros de correio do utilizador sob cada etiqueta.**
3. **Eliminar a conta de utilizador.**

```
# userdel -r jdoe
```

4. **Em cada zona marcada, elimine manualmente os diretórios e ficheiros de correio do utilizador.**

Nota - O utilizador é responsável por encontrar e eliminar ficheiros temporários do utilizador sob todas as etiquetas, tais como ficheiros nos diretórios /tmp.

[10] Singh, A. (2006). *Mac OS X Internals: A Systems Approach*. Addison-Wesley Professional.

Capítulo 3

Comandos básicos Unix/Linux

3.1 Navegar e manipular ficheiros e diretórios

Para navegar nos ficheiros e diretórios do Linux, utilize o comando cd. Dependendo do seu diretório de trabalho atual, este comando requer o caminho completo ou o nome do diretório. Executar este comando sem quaisquer opções levá-lo-á para a sua pasta pessoal.

Aqui estão os 40 comandos básicos mais populares do Linux que deve conhecer:

A maioria das pessoas pensa que o Linux é um sistema operativo complicado que só é utilizado por **programadores**. Mas aprender Linux não é tão assustador como parece. Não precisa de tirar **um curso de programação** ou dominar uma linguagem de programação. Neste capítulo curto, mas abrangente, irá descobrir **os comandos básicos do Linux** e como utilizá-los como um profissional.

Linux é uma família inteira de sistemas operativos Unix **de código aberto** baseados no kernel Linux.

Isto inclui todos os sistemas baseados em Linux mais populares, como o Ubuntu, Fedora, Mint, Debian e outros. Mais precisamente, são chamados de distribuições ou distros.

Desde que foi publicado pela primeira vez em **1991**, o Linux tem continuado a crescer em popularidade devido à sua natureza de código aberto. As pessoas podem modificá-lo livremente e redistribuí-lo sob o seu próprio nome.

Quando se utiliza um sistema operativo Linux, é necessário utilizar uma shell - uma interface que dá acesso aos serviços do sistema. A maioria das distribuições Linux utiliza uma interface gráfica de utilizador (GUI) como shell, principalmente para facilitar a sua utilização pelos utilizadores.

Dito isto, a utilização de uma **interface de linha de comandos (CLI)**, uma vez que é mais poderosa e eficiente. Ao digitar comandos de texto, pode executar tarefas que requerem um processo de várias etapas através da GUI, em apenas alguns segundos.

Por isso, se está planear utilizar o sistema operativo Linux, aprender os **comandos básicos** será muito útil. Neste capítulo, aprenderá **40 comandos básicos do Linux** que, sem dúvida, o ajudarão a navegar no Linux como um principiante.

O que é um comando Linux?

Um comando Linux é um programa ou utilitário que é executado na linha de comandos (CLI) - uma consola que interage com sistema através de texto e processos. É semelhante à aplicação Prompt de Comando do Windows.

Os comandos Linux são executados no terminal premindo Enter no final da linha. Pode executar comandos para executar uma variedade de tarefas, desde a instalação de pacotes à gestão de utilizadores e manipulação de ficheiros.

Esta é sintaxe geral de um comando Linux:

Nome do comando [opção(ões)] [parâmetro(s)].

Um comando pode conter uma **opção** ou um **parâmetro**. Em alguns , pode ser executado sem eles. Estas são as três partes mais comuns de um comando

Nome do comando: esta é a regra que pretende executar.

Opção ou flag: modifica o funcionamento do comando. Para o invocar, utilize travessões (-) ou travessões duplos (-).

Parâmetro ou argumento: especifica qualquer informação requerida pelo comando. Lembre-se de que todos os comandos do Linux diferenciam maiúsculas de minúsculas.

Os 40 comandos Linux mais utilizados

de passar à lista de comandos básicos, é necessário abrir o Terminal. Se ainda não tem a certeza, consulte o **tutorial sobre a linha de comandos**.

Embora os passos possam ser diferentes consoante a sua distribuição Linux, a aplicação Terminal encontra-se geralmente na secção **Utilitários.**

Aqui está a lista de comandos básicos do Linux:

1. comando sudo

Abreviatura de superuser do, **sudo** é um dos comandos básicos mais populares do Linux, permitindo-lhe executar tarefas que requerem permissões administrativas ou **de superutilizador**.

Quando o sudo é utilizado, o sistema pede aos utilizadores para se autenticarem com uma palavra-passe. O sistema Linux regista então um carimbo de data/hora como um traço. Por predefinição, cada utilizador root pode executar comandos sudo durante **15 minutos/sessão.**

Se tentar executar o sudo a partir da linha de comandos sem autenticar, o sistema registará a atividade como um evento de segurança.

Eis a sintaxe geral:

sudo (comando)

Também é possível adicionar uma opção, por exemplo :

- **k** ou **-reset-timestamp** invalida o ficheiro de carimbo de data/hora.
- **g** ou **-group=group** executa comandos como o nome ou ID do grupo especificado.
- **h** ou **-host=host** executa comandos no anfitrião.

2. comando pwd

Utilize o comando **pwd** para encontrar o caminho para o seu diretório de trabalho atual. Basta introduzir **pwd** para obter o caminho completo, ou seja, o caminho para todos os diretórios que começam com uma barra (**/**). Por exemplo, **/home/username**.

O comando **pwd** utiliza a seguinte sintaxe:

pwd [opção]

Tem 2 opções possíveis:

-L ou **-logic** mostra o conteúdo das variáveis de ambiente, incluindo ligações simbólicas.

-P ou **-physical** apresenta o caminho real do diretório atual.

3. Encomendar cd

Para navegar nos ficheiros e diretórios do Linux, utilize o comando **cd.** Dependendo do seu diretório de trabalho atual, este comando requer o caminho completo ou o nome do diretório.

A execução deste comando sem quaisquer opções leva-o para a pasta home. Tenha em atenção que apenas os utilizadores com privilégios **sudo** o podem

executar.
Suponha que se encontra no **diretório /home/username/Documents** e pretende aceder a **Photos**, um subdiretório de **Documents**. Para fazer isso, digite o seguinte comando:

cd Fotos.

Se quiser mudar para um diretório completamente novo, por exemplo **/home/username/movies**, tem de escrever **cd** seguido do caminho absoluto do diretório:

cd /home/nome de utilizador/filmes

Aqui estão alguns atalhos para o ajudar a navegar:

cd ~[nome de utilizador] permite o acesso ao diretório pessoal de outro utilizador.

cd ... montar um diretório.

cd- volta ao diretório anterior.

4. comando ls

O comando **ls** lista os ficheiros e diretórios de um sistema. Se executado sem sinalizadores ou parâmetros, esse comando exibe o conteúdo do diretório de trabalho atual.

Para mostrar o conteúdo outras pastas, digite **ls** seguido do caminho desejado. Por exemplo, para exibir os arquivos na pasta **Documentos**, digite :

É /home/username/Documents

Aqui estão algumas opções que podem ser utilizadas com o comando **ls:**

ls -R lista todos os ficheiros contidos nos subdirectórios.

ls -a mostra os ficheiros ocultos para além dos ficheiros visíveis.

ls -lh apresenta os tamanhos dos ficheiros em formatos fáceis de ler, como MB, GB e TB.

5. Encomendar gato

Concatenar, ou **cat**, é um dos comandos Linux mais frequentemente utilizados. Ele enumera, combina e escreve o conteúdo dos arquivos na saída padrão. Para executar o comando cat, digite **cat** seguido do nome do arquivo e sua extensão. Por exemplo :

cat nome do ficheiro.txt.

Aqui estão algumas outras formas de utilizar o **comando cat**:

cat > filename.txt cria um novo ficheiro.

cat nome do ficheiro1.txt nome do ficheiro2.txt >
filename3.txt funde **filename1**.txt e **filename2.txt** e armazena o resultado em **filename3.txt**.

tac filename.txt apresenta o conteúdo por ordem inversa.

6. Encomendar cp

O comando **cp** é utilizado para copiar ficheiros ou diretórios e respectivos conteúdos. Dê uma olhada seguintes casos de uso.

Para copiar um ficheiro do diretório atual para outro, introduza **cp** seguido do nome do ficheiro e do diretório de destino. Por exemplo :

cp filename.txt /home/username/Documents

Para copiar ficheiros para um diretório, introduza os nomes dos ficheiros seguidos do diretório de destino :

cp filename1.txt filename2.txt filename3.txt /home/nome de utilizador/Documentos

Para copiar o conteúdo de um ficheiro para um novo ficheiro no mesmo diretório, introduza **cp** seguido dos ficheiros de origem e de destino:

cp nome do ficheiro1.txt nome do ficheiro2.txt

Para copiar um diretório inteiro, passe a opção **-R** antes de escrever o diretório de origem, seguido do diretório de destino :

cp -R /home/username/Documents /home/username/Documents_backup

7. Comando mv

O comando mv é utilizado principalmente para mover e renomear ficheiros e diretórios. Ele não produz nenhum resultado em tempo de execução.

Basta digitar **mv** seguido do nome do ficheiro e do diretório de destino. Por exemplo, pretende mover o **ficheiro filename.txt** para o diretório **/home/username/Documents:**

mv filename.txt /home/username/Documents.

Também pode utilizar o comando **mv** para mudar o nome de um ficheiro:

mv nome_do_ficheiro_antigo.txt nome_do_ficheiro_novo.txt

8. comando mkdir

O comando **mkdir** pode ser utilizado para criar um ou mais diretórios de cada vez e definir as permissões para cada um deles. O utilizador que executa este comando tem de ter o direito de criar uma nova pasta no diretório principal, caso contrário receber uma mensagem de erro de "permissão negada".

Eis a sintaxe básica:

mkdir [opção] nome_do_directorio

Por exemplo, pretende criar um diretório chamado **Music** :

mkdir Música

Para criar um novo diretório chamado **Songs** dentro de Music, utilize o seguinte comando:

mkdir Música/Canções

O comando **mkdir** aceita muitas opções, tais como :

- **p** ou **-parents** criam um diretório entre duas pastas existentes. Por exemplo, **mkdir -p Music/2024/Songs** criará o novo diretório "2024".
- **m** os direitos de acesso aos ficheiros. Por exemplo, para criar um diretório com permissões total de leitura escrever e execução para todos os utilizadores, introduza **mkdir -m777 nome_do_directorio.**
- **v** apresenta uma mensagem para cada diretório criado.

9. comando rmdir

Para excluir permanentemente um diretório vazio, use o **comando rmdir**. Lembre-se que o utilizador que executa este comando tem de ter privilégios **sudo** no diretório principal.

Por exemplo, pretende eliminar um subdiretório vazio chamado **personal1** e a sua pasta principal **mydir** :

rmdir -p mydir/personal1

10. comando rm

O comando **rm** é utilizado para eliminar ficheiros de um diretório. Certifique-se de que o utilizador que executa este comando tem permissões de escrita.

Não se esqueça da localização do diretório, uma vez que esta operação irá apagar o(s) ficheiro(s) e não será possível desfazê-la.

Eis a sintaxe geral:

rm nome do ficheiro

Para eliminar vários ficheiros, introduza o seguinte comando:

rm nome do ficheiro1 nome do ficheiro2 nome do ficheiro3

Eis algumas opções aceitáveis que pode adicionar:

- **i** pede ao sistema para confirmar a eliminação de um ficheiro.
- **f** permite que o sistema apague sem confirmação.
- **r** elimina ficheiros e diretórios de forma recursiva.

11. Controlo tátil

O **comando touch** pode ser utilizado para criar um ficheiro vazio ou para gerar e modificar um carimbo de data/hora a partir da linha de comandos.

Por exemplo, introduza o seguinte comando para criar um ficheiro HTML com o nome **web** no diretório **Documents:**

toque em /home/nome de utilizador/Documentos/web.html

12. Localização da encomenda

O **comando locate** é utilizado para encontrar um ficheiro no sistema de base de dados.

Além disso, adicionar o argumento **-i** desactiva minúsculas, permitindo-lhe procurar um ficheiro mesmo que não se lembre do seu nome exato.

Para procurar conteúdos com duas ou mais palavras, utilize um asterisco (*). Por exemplo, o asterisco (*) é utilizado procurar conteúdos com duas ou palavras:

localizar -i escola*nota

O comando procura ficheiros que contenham as palavras **escola** e **nota**, em maiúsculas ou minúsculas.

13. Procurar encomenda

O comando **find** é utilizado para procurar ficheiros num diretório específico e executar as seguintes operações. Aqui está a sintaxe geral:

find [opção] [caminho] [expressão]

Por exemplo, pretende procurar um ficheiro chamado **notas.txt** no diretório **home** e nas suas subpastas :

find /home -nome notas.txt

Eis algumas outras formas de utilizar o **find** :

find -name filename.txt para procurar ficheiros no diretório atual.

find ./ -type d -diretory name para procurar diretórios.

14. comando grep

Outro comando básico da lista é o **grep** ou **impressão global de expressões regulares**. Permite-lhe encontrar uma palavra percorrendo todo o texto de um ficheiro específico.

Quando encontra uma correspondência, este comando exibe todas as linhas que contêm a palavra específica. Este comando também pode ser utilizado para filtrar grandes ficheiros de registo.

Por exemplo, pretende procurar a palavra **azul** no ficheiro **notepad.txt :**

grep blue notepad.txt

A saída do comando apresentará as linhas que contêm **azul**.

15. comando df

O **comando df** é utilizado para descobrir quanto espaço em disco o sistema a utilizar, em percentagem e em kilobytes (KB). Aqui está a sintaxe geral:

df [opções] [ficheiro]

Por exemplo, introduza o seguinte comando se pretender ver a utilização do espaço em disco do diretório atual num formato legível por humanos:

df -h

Eis algumas opções aceitáveis para utilizar:

df -m apresenta informações sobre a utilização do sistema de ficheiros em **MB**.

df -k mostra a utilização do sistema de ficheiros em **KB**.

df -T apresenta o **tipo** de sistema de ficheiros numa nova coluna.

16. Encomendar o

Se quiser verificar o espaço ocupado por um ficheiro ou diretório, utilize o comando **du.** Pode executar este comando para identificar a parte do sistema que está a utilizar excessivamente o espaço de armazenamento.

Lembre-se que tem de especificar o caminho para o diretório quando utiliza o comando **du. Por exemplo**, para verificar **/home/user/Documents**, introduza :

de /home/user/Documentos

Adicionar um sinalizador ao comando **from** modifica a operação, por exemplo :

- **s** mostra o tamanho total de uma pasta especificada.
- **m** fornece informações sobre pastas e ficheiros em **MB**

k apresenta informações em **KB**.

- **h** informa-o quando é que as pastas e ficheiros apresentados foram modificados pela última vez.

17. Cabeça de encomenda

O comando **head** apresenta as primeiras dez linhas de um texto. Ao adicionar uma opção, pode alterar o número de linhas apresentadas. O comando **head** também é utilizado para enviar dados para a linha de comando.

Eis a sintaxe geral:

head [opção] [ficheiro]

Por exemplo, pretende apresentar as primeiras dez linhas do ficheiro **note.txt**, localizado no diretório atual :

nota de cabeçalho.txt

Seguem-se algumas opções que pode adicionar:

- **n** ou **-lines** exibe o primeiro número personalizado de linhas. Por exemplo, introduza **head -n 5 filename.txt** para apresentar as primeiras cinco linhas de **filename.txt**.
- **c** ou **-bytes** apresenta o primeiro número personalizado de bytes em cada ficheiro.
- **q** ou **-quiet** não imprime os cabeçalhos que especificam o nome do ficheiro.

18. Encomendar cauda

O **comando tail** apresenta as últimas dez linhas um ficheiro. Permite aos utilizadores verificar se um ficheiro contém novos dados ou ler mensagens de erro.

O formato geral é o seguinte:

tail [opção] [ficheiro]

Por exemplo, pretende apresentar as últimas dez linhas do ficheiro **colors.txt:**

tail -n cores.txt

19. Dif. de encomenda

Abreviatura de diferença, o comando **diff** compara dois conteúdos de um ficheiro linha a linha. Depois de os analisar, mostra as partes que não coincidem.

Os programadores utilizam frequentemente o comando **diff** para modificar um programa em vez de reescreverem todo o código fonte.

O formato geral é o seguinte:

diff [opção] ficheiro1 ficheiro2

Por exemplo, pretende comparar dois ficheiros de texto - **note.txt** e **note_update.txt** :

diff note.txt note_update.txt

Eis algumas opções aceitáveis para adicionar:

- **c** apresenta a diferença entre dois ficheiros de forma contextual.
- **u** apresenta a saída sem as informações redundantes.
- **i** torna o comando **diff** insensível a maiúsculas e minúsculas.

20. Encomendar alcatrão

O **comando tar** permite-lhe arquivar vários ficheiros num ficheiro **TAR** - um formato comum do Linux semelhante ao **ZIP**, com compressão opcional.

Eis a sintaxe básica:

tar [opções] [ficheiro_arquivo] [ficheiro ou diretório a arquivar]

Por exemplo, pretende criar um novo arquivo **TAR** com o nome **newarchive.tar** no diretório **/home/user/Documents:**

tar -cvf newarchive.tar /home/user/Documents

O comando **tar** aceita muitas opções, como :

- **-x** extrai um ficheiro.
- **-t** lista o conteúdo de um ficheiro.
- **-u** archive e adiciona a um ficheiro de arquivo existente.

Consulte os **exemplos práticos** para saber mais sobre as outras funções.

21. Comando chmod

O chmod é um comando comum que altera as permissões de leitura, escrita e execução de um ficheiro ou diretório. No Linux, cada ficheiro está associado a três classes de utilizadores: **proprietário**, **membro de um grupo** e **outros**.

Eis a sintaxe básica:

chmod [opção] [permissão] [nome do ficheiro]

Por exemplo, o proprietário é atualmente o único utilizador com permissões totais para modificar **note.txt**. Para permitir que os membros do grupo e outras pessoas leiam, escrevam e executem o ficheiro, atribua-lhe o tipo de autorização - **rwxrwxrwx**, com um valor numérico de **777** :

chmod 777 nota.txt

Este comando tem uma série de opções, incluindo

- **-c** ou **-changes** apresenta informações quando é efectuada uma modificação.
- **-f** ou **-silent** suprime as mensagens de erro.
- **-v** ou **-verbose** apresenta um diagnóstico para cada ficheiro processado.

22. Comando chown

O comando chown permite-lhe alterar a propriedade de um ficheiro, diretório ou ligação simbólica para um nome de utilizador específico.

Este é o formato básico:

chown [opção] proprietário[:grupo] ficheiro(s)

Por exemplo, quer tornar **linuxuser2** o proprietário de **filename.txt** :

chown linuxuser2 nome do ficheiro.txt

23. Ordem de fabrico

Um trabalho é um processo que o comando inicia. O mostra todos os processos atualmente em execução e o seu estado. Lembre-se que que este comando está apenas disponível no o shells **csh**, **bash**, **tcsh** e **ksh.**

Esta é a sintaxe de base:

trabalhos [opções] ID do trabalho

Para verificar o status jobs no shell atualbasta digitar **jobs** na interface CLI.

Eis algumas opções que pode utilizar:

- **-l** lista identificadores de processos e informações sobre eles.
- **-n** lista trabalhos cujo estado foi alterado desde última notificação.
- **-p** lista apenas os identificadores de processos.

24. Ordem de abate

Use o **comando kill** para encerrar manualmente um programa que não responde. Ele sinaliza os aplicativos que estão se comportando mal e pede que eles fechem seus processos.

Para eliminar um programa, é necessário saber o número de identificação do processo (PID). Se não souber o PID, execute o seguinte comando:

ps ux

Uma vez determinado o sinal a utilizar e o PID do programa, introduzir a seguinte sintaxe:

kill [opção_sinal] pid

Existem 64 sinais que podem ser utilizados, mas estes dois estão entre os mais comuns:

SIGTERM diz a um programa para parar de correr e dá-lhe tempo para guardar todo o seu progresso. O sistema usá-lo-á por defeito se não especificar o sinal ao introduzir o comando kill.

O SIGKILL força os programas a parar, e perderá qualquer progresso não guardado.

Por exemplo, o PID do programa é **63773** e pretende forçá-lo a parar:

matar SIGKILL 63773

25. Comando ping

O **comando ping** é um dos comandos básicos do Linux mais utilizados para verificar uma rede ou servidor pode ser alcançado. Também é usado para resolver vários problemas de conetividade.

O formato geral é seguinte:

ping [opção] [hostname ou_endereço_IP]

Por exemplo, quer saber se pode ligar-se ao **Google** e medir o seu tempo de resposta:

pingar google.com

26. comando wget

A linha de comandos do Linux permite-lhe descarregar ficheiros da Internet utilizando o **comando wget**. Ele é executado em segundo plano sem interferir com outros processos em execução.

O comando **wget** recupera ficheiros utilizando os protocolos HTTP, HTTPS e FTP. Pode efetuar transferências recursivas, que transferem partes de sítios Web seguindo estruturas de diretórios e ligações, criando versões locais de páginas Web.

Para o utilizar, introduza o seguinte comando:

wget [opção] [url]

Por exemplo, introduza o seguinte comando para descarregar a versão mais recente do WordPress:

wget https://wordpress.org/latest.zip

27. comando uname

O comando uname ou unix name pode usado para obter informações detalhadas sobre o seu sistema Linux e hardware. Esta informação inclui o nome da máquina, o sistema operativo e o kernel. Para executar este comando, basta introduzir **uname** no seu CLI.

Eis a sintaxe básica:

uname [opção]

Estas são as opções aceitáveis a utilizar:

- **a** apresenta todas as informações sobre o sistema.
- **s** imprime o nome do kernel.
- **n** imprime o nome do anfitrião do nó do sistema.

28. Ordem superior

O **comando top** no terminal Linux apresenta todos os processos em execução e uma visão dinâmica em tempo real do sistema atual. Ele resume o uso de recursos, desde a CPU até o uso de memória.

O comando **top** também pode ajudá-lo a identificar e terminar um processo que esteja a utilizar demasiados recursos do sistema.

Para executar o comando, basta digitar **top** na CLI.

29. Histórico de encomendas

Com o comando **history**, o sistema listará até 500 comandos executados anteriormente, permitindo que você os reutilize sem precisar digitá-los novamente. Lembre-se que apenas os utilizadores com privilégios **sudo** podem executar este comando. O funcionamento deste utilitário também depende da shell Linux que está a utilizar.

Para o executar, introduza o comando abaixo:

histórico [opção]

Este comando suporta uma série de opções, tais :

- **c** limpa toda a lista de histórico.
- **d offset** elimina a entrada do histórico na posição **OFFSET**.
- acrescentou linhas históricas.

30. Controlo manual

O comando **man** fornece um manual do utilizador para todos os comandos ou utilitários que pode executar no terminal, incluindo o nome, a descrição e as opções.

Inclui nove secções:

Programas executáveis ou comandos de shell

Chamadas de sistema

Chamadas à biblioteca

Jogos

Relatórios especiais

Formatos e convenções de ficheiros

Comandos de administração do sistema

Rotinas básicas

Diversos

Para visualizar o manual completo, introduzir :

man [nome_da_ordem]

Por exemplo, pretende aceder ao manual do comando **ls :**

man ls

Introduza este comando se pretender especificar a secção apresentada :

man [opção] [número_de_secção] [nome_da_ordem]

Por exemplo, pretende consultar a secção 2 do manual para o comando **ls :**

homem 2 É

31. Comando echo

O comando **echo** é um utilitário incorporado que apresenta uma linha de texto ou uma cadeia de caracteres na saída padrão. Aqui está a sintaxe básica:

echo [opção] [string]

Por exemplo, é possível exibir o texto **Hostinger Tutorials** introduzindo :

echo "Tutoriais do Hostinger

Este comando suporta uma série de opções, tais como :

- **n** apresenta a saída sem a nova linha final.
- Isto permite-nos interpretar as seguintes barras invertidas:

\a reproduz um alerta sonoro.

\b remove os espaços entre o texto.

\Não produz mais nada.

- **E** apresenta a opção predefinida e desactiva a interpretação da barra invertida.

32. Comandos de compactação e descompactação

Utilize o comando **zip** para comprimir os seus ficheiros num ficheiro **ZIP**, um formato universal normalmente utilizado em Linux. Pode escolher automaticamente a melhor taxa de compressão.

O comando **zip** também é útil para arquivar ficheiros e diretórios e utilização do disco.

Para o utilizar, introduza a seguinte sintaxe:

zip [opções] zipfile filel file2....

Por exemplo, tem um ficheiro chamado **note.txt** que pretende comprimir em **archive.zip** no diretório atual :

zip archive.zip note.txt

O **comando unzip**, por outro lado, extrai ficheiros zipados de um arquivo. Aqui está o formato geral:

descompactar [opção] nome do ficheiro.zip

Por exemplo, para descomprimir um ficheiro chamado **archive.zip** no diretório atual, introduza :

descompactar arquivo.zip

33. Comando hostname

Execute o comando **hostname** para descobrir o nome do anfitrião do sistema. Pode executá-lo com ou sem opções. Aqui está a sintaxe geral:

nome do anfitrião [opção]

Existem muitos sinalizadores opcionais a utilizar, incluindo :

- **a** ou **-alias** apresenta o alias do nome de anfitrião.
- **A** ou **-all-fqdns** apresenta o nome de domínio totalmente qualificado (FQDN) da máquina.
- **i** ou **-ip-address** apresenta o endereço IP da máquina.

Por exemplo, introduza o seguinte comando para descobrir o endereço IP do seu computador:

nome do anfitrião -i

34. comandos useradd, userdel

O Linux é um sistema multi-utilizador, o que significa que várias pessoas podem utilizá-lo simultaneamente. O comando **useradd é utilizado** para criar uma nova conta, o comando **passwd** é utilizado adicionar uma palavra-passe. Apenas as pessoas com privilégios de root ou **sudo** podem executar o comando **useradd.**

Quando se utiliza o comando **useradd**, este faz algumas alterações importantes:

Modifica os ficheiros **/etc/passwd**, **/etc/shadow**, **/etc/group** e **/etc/gshadow** para contas recentemente criadas.

Cria e preenche um diretório pessoal para o utilizador.

Define as permissões e os proprietários dos ficheiros no diretório home.

Eis a sintaxe básica:

useradd [opção] nome de utilizador

Para definir a palavra-passe :

passwd combinação_de_palavras_passe

Por exemplo, para adicionar uma nova pessoa chamada João, introduza o seguinte comando ao mesmo tempo:

useradd João

passwd 123456789

Para eliminar conta de utilizador, utilize o comando **userdel:**

userdel nome de utilizador

35. comando apt-get

O apt-get é uma ferramenta de linha de comandos para gerir as bibliotecas APT (Advanced Package Tool) no Linux. Permite-lhe obter informações e pacotes de fontes autenticadas para gerir, atualizar, remover e instalar software e as suas dependências.

O comando **apt-get** requer privilégios **sudo** ou root.

Eis a sintaxe principal:

apt-get [opções] (comando)

Aqui estão os comandos mais comuns que pode adicionar ao **apt-get** :

update sincroniza os ficheiros de pacotes a partir das suas fontes.
upgrade instala a versão mais recente de todos os pacotes instalados.
check actualiza a cache de pacotes e verifica se existem dependências defeituosas.

36. comandos nano, vi, jed

O Linux permite aos utilizadores editar e gerir ficheiros utilizando um editor de texto, como o **nano**, o **vi** ou **o jed**. **O nano** e **o vi** são fornecidos com o sistema operativo, enquanto **o jed** tem de ser instalado.

O **comando nano** designa palavras-chave e funciona com a maioria dos idiomas. Para o utilizar, introduza o seguinte comando:

nano [nome do ficheiro]

O vi utiliza dois modos de funcionamento: **inserção** e **comando. A inserção** é utilizada para editar e criar um ficheiro de texto. O **comando**, por outro lado, é utilizado executar operações como guardar, abrir, copiar e colar um ficheiro.

Para utilizar **o vi** num ficheiro, introduza :

vi [nome do ficheiro]

O jed tem uma interface de menu pendente que permite aos utilizadores executar acções sem terem de introduzir combinações ou comandos no teclado. Tal como o **vi**, tem modos para carregar módulos ou plugins para escrever textos específicos.

Para abrir o programa basta introduzir **jed** na linha de comandos.

37. Comandos de alias e unalias

O comando alias é utilizado para criar um atalho com a mesma funcionalidade de um comando, nome de ficheiro ou texto. Quando executado, diz ao interpretador de comandos para substituir uma cadeia de caracteres por outra.

Para utilizar o comando **alias**, introduza a seguinte sintaxe:

alias Name=Chame

Por exemplo, quer fazer de **k** o alias para o comando **kill:**

alias k='kill'

O comando **unalias**, por outro lado, elimina um alias existente.

Eis o aspeto da sintaxe geral:

unalias [nome_do_alias]

38. Encomendar em

O comando switch user ou **su** permite-lhe executar um programa como utilizador diferente. Modifica a conta administrativa na sessão de ligação atual. Este comando é particularmente útil para aceder ao sistema através de **SSH** ou para utilizar o gestor de ecrã GUI quando o utilizador root não está disponível.

Eis a sintaxe geral do comando:

su [opções] [nome de utilizador [argumento]]

Quando executado sem opções ou argumentos, o comando **su** é executado com privilégios de root. Pedir-lhe-á para se autenticar e usar temporariamente os privilégios **sudo.**

Eis algumas opções aceitáveis para utilizar:

- **p** ou **-preserve-environment** mantém o mesmo ambiente de shell, consistindo HOME, SHELL, USER e LOGNAME.
- **s** ou **-shell** permite-lhe especificar um ambiente shell diferente para executar.

- **l** ou **-login** executa um script de ligação para mudar para outro nome de utilizador. Para o executar, é necessário introduzir a palavra-passe do utilizador.

39. controlo de topo

O comando **htop** é um programa interativo que monitoriza os recursos do sistema e os processos do servidor em tempo real. Ele está disponível na maioria das distribuições Linux e pode ser instalado usando o gerenciador de pacotes padrão.

Em comparação com o comando **top, o htop** oferece muitas melhorias e funções adicionais, como a utilização do rato e de indicadores visuais.

Para o utilizar, execute o seguinte comando:

htop [opções]

Também é possível adicionar opções como :

- **d** ou **-delay** indica o atraso entre actualizações em décimos de segundos.
- **C** ou **-no-color** ativa o modo monocromático.
- **h** ou **-help** apresenta a mensagem de ajuda e sai.

40. Encomendar ps

O status do processo ou comando **ps** fornece uma visão geral de todos os processos em execução no seu sistema. Os resultados estáticos provêm dos ficheiros virtuais no sistema de ficheiros **/proc.**

Executar o comando **ps** sem quaisquer opções ou argumentos dá-lhe a lista de processos atualmente em execução na shell, e a lista de processos atualmente em execução na shell:

O identificador de processo único (**PID**)

Tipo de terminal (**TTY**)

Tempo de funcionamento (**TIME**)

O comando que inicia o processo (**CMD**)

Eis algumas opções aceitáveis que pode utilizar:

- **T** apresenta todos os processos associados à sessão atual da shell.
- **username** lista os processos associados a um utilizador específico.
- **A** ou **-e** apresenta todos os processos actuais.

Dicas e truques

Aqui estão algumas dicas e truques que pode utilizar para gerir o seu sistema Linux:

Introduza o comando **clear** para limpar ecrã do terminal.

Prima a tecla **Tab** para preencher automaticamente o formulário depois de introduzir um comando com um argumento.

Utilize **Ctrl + C** para terminar um comando em curso.

Prima Ctrl + Z para fazer uma pausa num comando em curso.

Utilize **Ctrl + S** para congelar temporariamente o terminal.

Prima **Ctrl + Q** para cancelar o congelamento do terminal.

Utilize **Ctrl + A** para ir para o início da linha.

Prima Ctrl + E para chegar ao fim da linha.

Quando executar vários comandos na mesma linha, utilize (;) para os separar. Também pode utilizar **&&** para permitir que o comando seguinte seja executado apenas se o anterior tiver sido executado com êxito.

Sabia que pode editar um ficheiro de texto com comandos Linux utilizando o

SSH? Em vez de editar um ficheiro localmente e transferi-lo por FTP, pode editar o ficheiro instantaneamente no seu computador utilizando o comando vim ou nano.

Utilize esta tabela para encontrar rapidamente o controlo que procura e como funciona

Encomendar	Explicação
Sudo	Executa um comando com privilégios administrativos (superutilizador)
Pwd	Apresenta o diretório de trabalho atual
Cd	Altera o diretório atual
Ls	Lista ficheiros e diretórios no diretório atual
Gato	Concatena e apresenta o conteúdo dos ficheiros
Cp	Copiar ficheiros e diretórios
Mv	Move ou muda o nome de ficheiros e diretórios
Mkdir	Cria um novo diretório
Rmdir	Elimina um diretório vazio
Rm	Elimina ficheiros e diretórios
Tato	Cria um ficheiro vazio ou actualiza o carimbo de data/hora de um ficheiro existente
Localizar	Procurar ficheiros e diretórios numa base de dados pré-construída
Encontrar	Procurar ficheiros e diretórios numa localização especificada
Grep	Procurar um padrão em ficheiros ou fluxos de entrada
Df	Apresenta a utilização do espaço em disco para sistemas de ficheiros
De	^Estimar a utilização espaço em disco para ficheiros e diretórios
Cabeça	Apresenta a primeira parte dos ficheiros
Cauda	Apresenta a última parte dos ficheiros
Difícil	Compara ficheiros linha a linha
Encomendar	**Explicação**
Alcatrão	Arquivar ficheiros e diretórios num único ficheiro
Chmod	Modifica as permissões de ficheiros e diretórios
Chown	Altera o proprietário de ficheiros e diretórios
Empregos	Lista de tarefas activas
Matar	Envia um sinal para terminar processos
Ping	Envia pedidos de rede para um endereço IP ou nome de domínio específico
Wget	Descarregar ficheiros da Web
Uname	Apresenta informações sobre o sistema
Topo	Apresenta a utilização dos recursos do sistema em tempo real
História	Apresenta o histórico de encomendas
Homem	Apresenta as páginas do manual de controlo

Eco	Apresenta os argumentos ou variáveis fornecidos
Fecho	Cria um arquivo zip comprimido a partir de ficheiros
Descompactar	Extrair ficheiros de um arquivo zip
Nome do anfitrião	Apresenta ou define o nome do anfitrião do sistema
Utilizadoradd	Criar uma nova conta de utilizador
Utilizador	Eliminar uma conta de utilizador
apt-get	Gere as tarefas de gestão de pacotes
Nano	Um editor de texto para a linha de comando
Vi	Um editor de texto para a linha de comando
Jed	Um editor de texto leve para a linha de comando
Encomendar	**Explicação**
Apelido	Cria um atalho ou alias para um comando
Unalias	Elimina um alias para um comando

Os comandos Linux permitem-lhe executar tarefas básicas e administrativas de forma rápida e eficiente a partir do terminal. Isto dá-lhe maior flexibilidade no seu sistema e acesso a funções que nem sempre estão disponíveis através de uma interface gráfica de utilizador.

É essencial aprender os comandos básicos do Linux para interagir com a sua máquina, especialmente se estiver a utilizar um servidor privado virtual (**VPS**). Na maioria dos casos, cada utilitário é composto por três partes: um **nome de comando**, um **sinalizador** ou **opção** e um **parâmetro** ou **argumento**.

Esta secção cobre 40 comandos comuns, tais como **apt- get** para instalar um pacote, **nano** para manipular um ficheiro, **htop** para monitorizar processos em execução e **ls** para mostrar um diretório.

Qual é o comando básico do Linux?

Um dos comandos Linux mais utilizados é o cat (abreviatura de concatenate). Este comando permite criar, mostrar e combinar ficheiros, bem como redirecionar a saída (o conteúdo de todo o ficheiro).

Quantos comandos Linux tem?

Existem mais de 100 comandos comuns ao Linux e a outros sistemas operativos semelhantes.

3.2. Tratamento de processos

As operações básicas de gestão de processos são :

- criação de processos, fork() ;
- identificação de processos, getpid() e getppid() ;
- encerramento de um processo, exit() ;
- à espera que um processo filho termine: wait() ;
- substituição de processos, execve() e derivados.

1 Processo

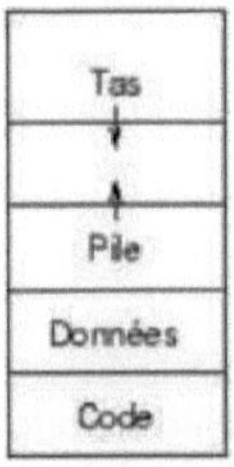

Figura 1: Organização memória atribuída a um processo

Um processo é um programa em execução.
Estão associados a um processo diferentes recursos.
Em particular, é atribuída uma área de memória ao processo (ver figura acima).
Um processo é identificado de forma inequívoca por um número inteiro (pid, *id do processo*).
O Unix é um sistema multi-processos. O Unix é um sistema de partilha de tempo: os processos *prontos* são feitos para "correr" em simultâneo; há uma impressão de paralelismo; esta atividade chama-se "agendamento de processos".
Os processos são organizados numa árvore de processos. Um determinado processo (init, com pid 1) é a raiz desta árvore.

2 Criação de processos

Chamada de sistema
#include <sys/types.h>
#include <unistd.h>
pid_t fork (void) ;
Cria um novo processo (processo filho). Este é uma cópia exata do processo de chamada.
fork () devolve

- 0 no processo filho ;
- o pid do filho no processo pai (-1 em caso de erro).

A utilização de fork() é ilustrada na Figura 2

```
% cat creer_procesus.c
#include <stdio.h>
#include <sys/types.h>
#include <unistd.h>

int main (void) {
  pid_t pid ;

  pid = fork () ;

  if (pid == -1) {
    perror ("creation processus impossible") ;
    exit (1) ;
  }

  if (pid != 0)
    printf ("Je suis le père, j'ai créé le processus %d\n", pid) ;
  else
    printf ("Je suis le processus fils\n") ;
}

% ./creer_processus
Je suis le père, j'ai créé le processus 14602
```

```
Je suis le processus fils
```

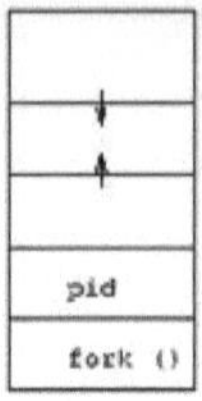

Figura 2: Utilização da primitiva fork() e estado da memória do processo após a chamada fork()

3 Encerramento do processo atual

O processo atual termina automaticamente quando pára de executar a função main(). As seguintes primitivas permitem-lhe parar explicitamente a execução:

```
#include <unistd.h>

void _exit (int status) ;
void exit (int status) ;
```

Estas duas primitivas terminam o processo atual. O parâmetro `status` especifica um código de retorno, entre 0 e 255, a ser enviado para o processo pai.

Por convenção, em caso de terminação normal, um processo deve devolver o valor 0.

Antes de terminar a execução do processo, `exit()` executa as funções de "limpeza" das bibliotecas padrão.

Exercício 1 *Explique o comportamento do programa apresentado na Figura 3.*

```
#include <stdio.h>
#include <sys/types.h>
#include <unistd.h>

int main (void)
{
  int i ;
  for (i=0 ; i < 4 ; i++) {
    int retour ;
    retour = fork () ;
    switch (retour) {
      case -1 : /* erreur */
        perror ("erreur fork\n") ;
        exit (1) ;
      case 0 : /* fils */
        printf ("fils : %d\n", i) ;
      default : /* pere */
        printf ("pere : \n") ;
    }
  }
}
```

Figura 3: O que é que este programa faz?

Resolução.

Este programa usa a função fork() para processos filhos a partir de um processo pai. Veja como ele funciona:

1. O loop `for` itera quatro vezes, criando quatro processos.
2. Em cada iteração, a função `fork()` é chamada. Isto é o que acontece:

o Se `fork()` `for` bem-sucedida, ela cria um novo processo filho idêntico ao processo pai. O processo filho começa a ser executado a partir do ponto em que `fork()` foi chamada.

o No processo pai, `fork()` devolve o identificador de processo filho (PID), que é um número inteiro positivo.

o No processo filho, `fork()` devolve 0.

o Se `fork ( )` falhar, nenhum processo filho é criado e -1 é retornado para o processo pai.

3. O código utiliza uma instrução `switch` para gerir os diferentes casos:

o Se `fork()` falhar (devolve -1), é apresentado um erro.

o Se a função `fork()` for bem sucedida e o processo for o filho (retorno 0), apresenta "filho: i" onde `i` é o valor da iteração.

o Se `fork()` `for` bem sucedida e o processo for o pai (retorno positivo), mostra "father: ".

4. O resultado será uma combinação da saída dos processos pai e filho, que pode aparecer numa ordem diferente, dependendo da programação do sistema operativo.

Em resumo, este programa cria vários processos (um pai e vários filhos) e exibe mensagens para cada processo criado. O comportamento exato dependerá da forma como o sistema operativo agenda os processos.

Exercício 2 *Escreva um programa que mostre os números inteiros de 0 a 3 usando 4 processos diferentes. Este programa deve terminar depois de todos os 4 inteiros terem sido exibidos.*

Resolução.

Aqui está um exemplo de um programa em linguagem C que cria quatro processos diferentes para exibir números inteiros de 0 a 3 :

```
#include <stdio.h>
#include <sys/types.h>
#include <unistd.h>
#include <stdlib.h>

int main() {
    for (int i = 0; i < 4; i++) {

        pid_t pid = fork();
        if (pid == -1) {
            perror("Erreur fork");
            exit(EXIT_FAILURE);
        } else if (pid == 0) {
            // Code exécuté par le processus fils
            printf("Processus fils %d : %d\n", i, i);
            exit(EXIT_SUCCESS); // Terminer le processus fils
        }
    }

    // Attendre que tous les processus fils se terminent
    for (int i = 0; i < 4; i++) {
        wait(NULL);
    }

    printf("Tous les processus ont terminé.\n");
    return 0;
}
```

Neste programa :

- Usamos a função `fork()` para criar quatro processos.
- Cada processo filho apresenta o seu próprio número inteiro (de 0 a 3).
- O processo pai espera que todos os processos filhos terminem usando `wait(NULL)`.

A execução deste programa apresentará os números inteiros por ordem crescente e terminará quando os 4 números inteiros tiverem sido apresentados.

4 Identidade do processo

Um processo é identificado pelo seu pid. Pode conhecer o pid do seu pai.

As duas primitivas

```
#include <sys/types.h>
#include <unistd.h>

pid_t getpid(void);
pid_t getppid(void);
```

devolvem o pid do processo e do seu pai, respetivamente.

Exemplo

```
% cat pid.c
#include <stdio.h>
#include <sys/types.h>
#include <unistd.h>

int
main (void)
{
  pid_t pid_fils ;

  switch (pid_fils = fork ()) {
    case -1 :
      perror ("Fork ") ;

      exit (1) ;
    case 0 : /* le fils */
      printf ("Je suis le fils, PID %d, PPID %d\n",
              getpid (), getppid ()) ;
      exit (0) ;
    default :  /* le  père */
      printf ("Je suis le pere, PID %d. Mon fils a le pid %d\n",
              getpid (), pid_fils);
      (void) wait (NULL) ;
      exit (0) ;
  }
}

% ./pid
Je suis le père, PID 8078. Mon fils a le pid 8079
Je suis le fils, PID 8079, PPID 8078
```

```
Eu sou o pai, PID 8078. O meu filho tem o pid 8079
Eu sou o filho, PID 8079, PPID 8078
```

5 À espera que um processo filho termine

O primitivo

```
#include <sys/types.h>
#include <sys/wait.h>

pid_t wait (int *status) ;
```

suspende a execução do processo de chamada até que um de seus filhos termine. Se um processo filho já tiver terminado, `wait()` retorna o resultado imediatamente.

wait() retorna o pid do processo filho se o retorno for devido ao término de um processo filho; -1 no caso de um erro.

Se status não for um ponteiro nulo, o status do processo filho (valor retornado por exit()) é armazenado no local apontado por status.

Mais especificamente:

- o byte inferior é um código que indica o motivo pelo qual o processo filho foi interrompido;

- se o processo filho tiver efectuado uma chamada a exit(), o byte anterior contém o código de retorno.

Esta informação pode ser acedida facilmente utilizando as seguintes macros definidas em sys/wait.h. (Note-se que estas macros utilizam o estado e não um ponteiro para o mesmo). :

WIFEXITED (estado)

devolve verdadeiro se o estado for proveniente de um processo filho que terminou normalmente;

WEXITSTATUS (estado)

(se WIFEXITED (status) for verdadeiro) devolve o código de retorno do processo filho passado para _exit() ou exit() ou o valor devolvido pela função main();

WIFSIGNALED (estado)

Retorna verdadeiro se o status vier de um processo filho que foi encerrado devido à receção de um ;

WTERMSIG (estado)

(se WIFSIGNALED (status) devolver true) devolve o valor do sinal que causou o fim do processo filho.

Existem outras macros disponíveis; a sua documentação pode ser acedida em man 2 wait.

Exemplo

```
% cat status_fils.c
#include <stdio.h>
#include <sys/wait.h>
#include <unistd.h>
#include <stdlib.h>

main (void)
{
  pid_t pid ;
  int status ;

  pid = fork () ;

  switch (pid) {
    case -1 :
      perror ("fork") ;
      exit (1) ;
    case 0 : /* le fils */
      printf ("processus fils\n") ;
      exit (2) ;
    default : /* le pere */
      printf ("pere: a cree processus %d\n", pid) ;
      wait (&status) ;
      if (WIFEXITED (status))
        printf ("fils termine normalement: status = %d\n",
                WEXITSTATUS (status)) ;
      else
        printf ("fils termine anormalement\n") ;
  }
}

% ./status_fils
pere: a cree processus 907
processus fils
fils termine normalement: status = 2
```

Exercício 3 *Escreva um programa que exiba, em ordem, os inteiros de 0 a 3 por 4 processos usando a seguinte estrutura;*

```
for (i=0 ; i < 4 ; i++) {
  switch (fork ()) {
    case -1 :
      ...
    case 0 :
      ...
    default :
      ...
}
```

Resolução.

Aqui está um exemplo de um programa em linguagem C que cria quatro processos filhos e exibe os números inteiros de 0 a 3, cada um num processo separado:

```
#include <stdio.h>
#include <stdlib.h>
#include <unistd.h>
#include <sys/wait.h>

int main() {
    for (int i = 0; i < 4; ++i) {
        pid_t pid = fork();

        if (pid == -1) {
            perror("Erreur lors de la création du processus fils");
            exit(1);
        } else if (pid == 0) {
            // Code exécuté par le processus fils
            printf("Processus fils %d : Entier = %d\n", i + 1, i);
            exit(0);
        }
    }

    // Code exécuté par le processus parent
    for (int i = 0; i < 4; ++i) {
        wait(NULL);
    }

    printf("Tous les processus fils ont terminé.\n");

    return 0;
}
```

Neste programa :

- Usamos um loop `for` para criar quatro processos filhos.
- Cada processo filho apresenta o seu número e o número inteiro correspondente! (de 0 a 3).

- O processo pai aguarda que todos os processos filhos terminem usando a função `wait()`.

Não te esqueças de adaptar este código ao teu ambiente e necessidades específicas. Espero que te ajude a visualizar números inteiros de 0 a 3 por 4 processos.

Exercício 4 [Trifork] *Escreva a função*

```
trifourche (void(*)(void), void(*)(void), void(*)(void)) ;
```

O processo que executa trifork (fi, f2, f3) gera processos que executam as funções fi, f2 e f3, respetivamente, e aguarda o fim dos processos gerados para concluir a função.

Esta função é utilizada, por exemplo, no seguinte contexto:

```
void fa (void)
```

```
{
  sleep (4) ;
  printf ("Fonction fa executee par le processus %d\n", getpid ()) ;
}

void fb (void)
{
  sleep (2) ;
  printf ("Fonction fb executee par le processus %d\n", getpid ()) ;
}

void fc (void)
{
  sleep (3) ;
  printf ("Fonction fc executee par le processus %d\n", getpid ()) ;
}

int main (void)
{
  trifourche (fa, fb, fc) ;
  printf ("Terminaison de main ()\n") ;
}
```

Resolução.

Aqui está uma implementação da função trifork em C que cria três processos filhos, executa as funções f1, f2 e f3 respetivamente, e depois espera pelo fim destes processos antes de terminar a função :

```
#include <stdio.h>
#include <stdlib.h>
#include <unistd.h>
#include <sys/wait.h>

// Signature de la fonction trifourche
void trifourche(void (*f1)(void), void (*f2)(void), void (*f3)(void)) {
    pid_t pid1, pid2, pid3;

    // Crée le premier processus fils
    pid1 = fork();
    if (pid1 == 0) {
        f1(); // Exécute la fonction f1
        exit(0);
    }

    // Crée le deuxième processus fils
    pid2 = fork();
    if (pid2 == 0) {
        f2(); // Exécute la fonction f2
        exit(0);
    }

    // Crée le troisième processus fils
    pid3 = fork();
    if (pid3 == 0) {
        f3(); // Exécute la fonction f3
        exit(0);
    }

    // Attends la fin des processus fils
```

```
    waitpid(pid1, NULL, 0);
    waitpid(pid2, NULL, 0);
    waitpid(pid3, NULL, 0);
}

// Exemple d'utilisation
void fa(void) {
    sleep(4);
    printf("Fonction fa exécutée par le processus %d\n", getpid());
}

void fb(void) {
    sleep(2);
    printf("Fonction fb exécutée par le processus %d\n", getpid());
}

void fc(void) {
    sleep(3);
    printf("Fonction fc exécutée par le processus %d\n", getpid());
}

int main(void) {
    trifourche(fa, fb, fc);
    printf("Terminaison de main()\n");
    return 0;
}
```

Neste exemplo :

- A função `trifork` cria três processos filhos, executa as funções `fi`, `f2` e `f3` e, em seguida, espera que eles terminem.
- As funções `fa`, `fb` e `fc` são executadas pelos processos filhos com de espera simulados.

Não se esqueça de adaptar este código ao seu ambiente e necessidades específicas. Espero que ajude a compreender e a utilizar a função trifork.

Exercício 5 [Multifork] *A função multifork() generaliza a função anterior trifork().*

```
typedef int (*intint ) (int) ;

void multifourche (int n, intint f[]) ;
```

O tipo `intint` *é definido como "um ponteiro para uma função que devolve um número inteiro a um número inteiro". Os argumentos para* `multifork ()` *são uma matriz de tais funções e o tamanho* `n` *desta matriz. Cada uma das funções é executada por um processo diferente, que também apresenta o valor devolvido pela função.*

Resolução.

A função multifork() generaliza a função trifork(), aceitando um conjunto de funções que apontam para funções que devolvem números inteiros. Eis como funciona:

1. **Definição de `multifork()`**:
   - o A função `multifork()` recebe dois argumentos: um número inteiro `n` (o tamanho da matriz de funções) e uma matriz de ponteiros de funções `f[]`.
   - o Cada elemento da matriz `f[]` é uma função que devolve um número inteiro.
   - o A função `multifork()` executa cada função na matriz `f[]` num processo separado.
   - o Após a execução de cada função, é apresentado o valor devolvido por essa função.
2. **Exemplo de utilização**: Suponha que temos três funções: `fi()`, `f2()` e `f3()`, cada uma devolvendo um número inteiro. Eis como poderíamos usar `multifork()`

```
#include <stdio.h>

// Définition des fonctions f1(), f2(), et f3()
int f1() { return 10; }
int f2() { return 20; }
int f3() { return 30; }

// Définition de multifourche()
void multifourche(int n, int (*f[])()) {
    for (int i = 0; i < n; i++) {
        int result = fi; // Appelle la fonction fi
        printf("Résultat de la fonction %d : %d\n", i + 1, result);
    }

}

int main() {
    int (*functions[3])() = {f1, f2, f3}; // Tableau de pointeurs de
fonctions
    multifourche(3, functions); // Exécute les fonctions en parallèle
    return 0;
}
```

Neste exemplo, multifork() executa f1(), f2() e f3() em paralelo, exibindo os valores retornados por cada um. O resultado poderia ser :

```
Résultat de la fonction 1 : 10
Résultat de la fonction 2 : 20
Résultat de la fonction 3 : 30
```

Note-se que a ordem pela qual as funções são executadas pode variar consoante o sistema operativo e o planeamento do processo.

Exercício 6 *Seja sigma um comando com dois argumentos. sigma inf sup mostra a soma dos inteiros de inf a sup.*

Sabendo que Z=a,b-a/2 i e Z>-a/2+i, b i *podem ser calculados independentemente para calcular sigma a b, desenvolva uma versão do comando sigma utilizando processos.*

Resolução.

O comando "sigma" parece ser uma função que calcula a soma dos inteiros entre dois limites, usando processos. Aqui está uma abordagem para desenvolver uma tal versão do comando:

1. Dividir o intervalo [a, b] em duas partes iguais: [a, (a+b)/2] e [(a+b)/2 + 1, b].
2. Crie dois processos separados para calcular a soma dos números inteiros nestes dois sub-intervalos.
3. Aguarde que os dois processos terminem e some os resultados.

Segue-se um exemplo de código C para ilustrar esta abordagem:

```
#include <stdio.h>
#include <stdlib.h>
#include <unistd.h>
#include <sys/wait.h>

// Calcule la somme des entiers de 'start' à 'end'
int compute_sum(int start, int end) {
    int sum = 0;
    for (int i = start; i <= end; ++i) {
        sum += i;
    }
    return sum;
}

int main() {
    int a = 1; // borne inférieure
    int b = 10; // borne supérieure

    pid_t pid = fork();

    if (pid == -1) {
        perror("Erreur lors de la création du processus fils");
        exit(1);
    } else if (pid == 0) {
        // Code exécuté par le processus fils
        int mid = (a + b) / 2;
        int sum1 = compute_sum(a, mid);
        printf("Processus fils 1 : Somme de %d à %d = %d\n", a, mid, sum1);
        exit(sum1);
    } else {
        // Code exécuté par le processus parent
        int mid = (a + b) / 2;
        int sum2 = compute_sum(mid + 1, b);
        printf("Processus parent : Somme de %d à %d = %d\n", mid + 1, b,
sum2);

        int status;
        wait(&status);

        if (WIFEXITED(status)) {
            int result = WEXITSTATUS(status);
            printf("Somme totale : %d\n", sum2 + result);
        } else {
            printf("Le processus fils a terminé anormalement.\n");
        }
    }

    return 0;
```

Não te esqueças de adaptar este código ao teu ambiente e necessidades específicas. Espero que isto o ajude a desenvolver a sua versão do comando "sigma" com processos.

Exercício 7 *O programa a seguir é compilado em um executável chamado share :*

```
#include <stdio.h>
#include <unistd.h>
#include <fcntl.h>

int main (void)
{
  char buf [6] ;
  int fd ;

  fd = open ("foo", O_RDWR, 420) ;

  switch (fork ()) {
    case -1 :
      perror ("fork") ;
      exit (1) ;
    case 0 :
      printf ("%d caracteres ecrits\n", write (fd, "12345", 5)) ;
      break ;
    default :
      printf ("%d caracteres lus\n", read (fd, buf, 5)) ;
      buf [5] = '\0' ;
      printf ("Ligne lue : %s\n", buf) ;
      close (fd) ;
  }
}
```

Apresente o resultado da seguinte sequência de comandos Unix:

```
% echo ABCDEFGH > foo
% ./partage
% cat foo
```

Resolução

O programa fornecido aqui usa a função fork() para criar um processo filho. Aqui está o que acontece quando você executa a sequência de comandos Unix que você deu:

1. O comando `echo ABCDEFGH > foo` escreve a cadeia de caracteres "ABCDEFGH" no ficheiro "foo".
2. Quando você executa `./share`, o programa C é iniciado. Eis o que acontece: o O processo pai (aquele que executou `./share`) cria um processo filho `usando fork()`.

o O processo filho executa o comando `write(fd, "12345", 5)`, que escreve a string "12345" no ficheiro "foo".

O processo pai executa o comando `read(fd, buf, 5)`, que lê 5 caracteres do ficheiro "foo" para o buffer `buf`.

o Finalmente, o processo pai apresenta a linha lida utilizando `printf("Linha lida: %s\n", buf)`.

3. Quando o programa é executado, o conteúdo do ficheiro "foo" será "12345GH" (os 5 caracteres escritos pelo processo filho, seguidos dos últimos 2 caracteres do ficheiro inicial "ABCDEFGH").

7 Alteração do código do processo

O primitivo

```
#include <unistd.h>
int execve (char *filename, char *argv[], char *envp[]) ;
```

transforma o processo de chamada em um novo processo. Note que isso não cria um novo processo, mas sobrepõe o processo antigo com o novo.

O novo processo é construído a partir de um ficheiro executável comum cujo nome é apontado por `filename`.

O parâmetro `argv` aponta para uma matriz de ponteiros de cadeia de caracteres terminada por um ponteiro NULO. Essas strings constituem a lista de argumentos para o novo processo. Por convenção, `argv[0]` está sempre presente e deve ser o nome do programa a ser executado.

O parâmetro `envp` é também um ponteiro para uma matriz de ponteiros de cadeia de caracteres terminados por um ponteiro NULO. Estes identificam as variáveis de ambiente que serão acessíveis a partir do novo processo. Essas strings são construídas usando a função :

||<|nome da variável||>| = ||<|valor da variável||>|

Os descritores abertos no processo de chamada permanecem abertos no novo processo.

Quando o programa executado começa, ele é chamado da seguinte forma: (os parâmetros `argc`, `argv` e `envp` do `main ()` são opcionais)

```
main (int argc, char *argv[], char *envp[])
```

`execve()` retorna ao processo de chamada apenas no caso de um erro e retorna -1.

Exemplo

```
% cat exec1.c
#include <stdio.h>
#include <sys/types.h>
#include <sys/wait.h>
#include <unistd.h>
#include <stdlib.h>

char *path = "./exec2" ;
char *argval[] = {"exec2", "foo", "bar", NULL} ;

int main (int argc, char *argv[], char *envp[])
{
 pid_t pid ;
```

```
switch (retour = fork()) {
  case -1 :
    perror ("fork") ;
    exit (1) ;
  case 0 :
    printf ("processus fils va exécuter exec\n") ;
    execve (path, argval, envp) ;
    perror ("execve") ;
    exit (1) ;
  default :
    printf ("père: a créé processus %d\n", retour) ;
    wait(0) ;
    printf ("père: a reçu terminaison fils\n") ;
  }
}

% cat exec2.c
#include <stdio.h>

int main (int argc, char *argv[])
{
 int i ;

 printf ("execution de exec2\n") ;
 printf ("exec2: %d arguments\n", argc) ;
 for (i=0 ; i<argc ; i++)
   printf ("exec2 argument %d: %s\n", i, argv[i]) ;

 exit (0) ;
}

% ./execl
processus fils va exécuter exec
père: a créé processus 14625
exécution de exec2
exec2: 3 arguments
exec2 argument 0: exec2
exec2 argument 0: foo
exec2 argument 0: bar
père: a reçu terminaison fils
```

Estão disponíveis outras primitivas; são escritas utilizando `execve()`. Estas são `execl()`, `execlp()`, `execle()`, `execv()` e `execvp()`, cujos protótipos são os seguintes:

```
#include <unistd.h>

int execl (const char *filename, const char *arg, ...) ;
int execlp (const char *cmdname, const char *arg, ...) ;
int execle (const char *filename char *arg , ..., char* const envp[]) ;
int execv (const char *filename, char *const argv[]) ;
int execvp (const char *cmdname, char *const argv[]) ;
```

Permitem-lhe especificar os argumentos do novo processo sob a forma uma lista de argumentos (parâmetros `arg`) em vez de um conjunto de cadeias de caracteres (parâmetros `argv`), e/ou procurar o programa a ser executado entre os caminhos de pesquisa (variável de ambiente `$PATH`, parâmetros `cmdname`) em vez de especificar completamente o seu caminho (parâmetros `filename`), e assim por diante.

8 Exemplo de funcionamento

Ilustramos a utilização das primitivas anteriores na execução de um comando (command) por uma shell Unix (sh).

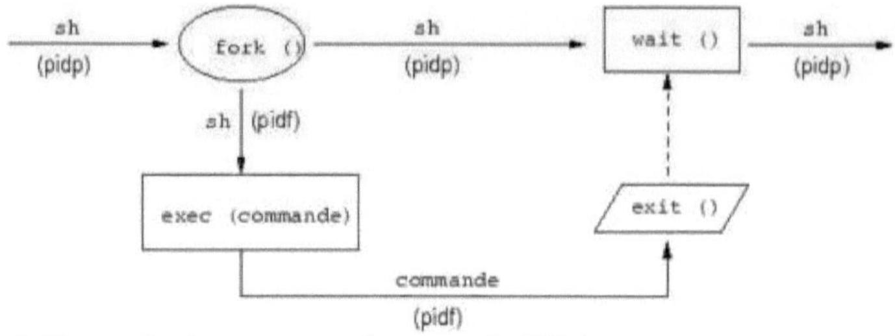

Figura 4: Execução de um comando numa shell Unix

Exercício 8

Questão 1 Dados os resultados dos seguintes comandos, desenhe a abreviatura dos processos de um comando da forma `com1; com2; ...; comn.`

```
% who ; ps -f www ; date ; cd ; ls -F
phm      tty1     Apr 28 22:26
lambert  tty2     Apr 24 13:34
UID        PID  PPID  C STIME TTY      STAT   TIME CMD
phm        580   566  0 Apr28 pts/1    S      0:00 -csh
phm       1016   580  0 11:24 pts/1    R      0:00 ps -f www
Sat Apr 29 11:24:45 CEST 2000
INBOX                          ens/
auto/                          public_html/
bin/                           tex/
back/                          tmp/
dm/                            usr/
```

Resolução.

Aqui está a árvore de processos para o comando dado:

```
who ; ps -f www ; date ; cd ; ls -F
```

1. O processo pai executa o comando who.
2. Em seguida, ele executa o comando ps -f www.
3. Em seguida, executa o comando date.
4. Depois tenta executar o comando cd, mas como mencionado, cd é um comando interno da shell e não pode ser executado diretamente através do exec.
5. Por fim, executa o comando ls -F.

A árvore de processos tem o seguinte aspeto:

```
who
 |
 +-- ps -f www


|    |
|    +-- date
|    |
|    +-- cd (non exécuté)
|    |
|    +-- ls -F
|
+-- date
|
+-- cd (non exécuté)
|
+-- ls -F
```

Note que os comandos date, cd e ls -F não são executados devido à limitação mencionada. Espero que isto ajude.

Questão 2 Escreva um programa em C correspondente ao comando shell
`quem ; ps -f www ; data ; cd ; ls -F`

Iremos executar uma série de `exec()`. Como o comando `cd` é um comando interno da shell, não pode ser iniciado diretamente por `exec()`.

Resolução.

Para executar uma série de comandos shell em C, podemos usar a família de funções exec. Aqui está um exemplo de um programa C que executa os comandos who, ps -f www, date, cd e ls -f usando execv :

```
#include <stdio.h>
#include <stdlib.h>
#include <unistd.h>
#include <sys/types.h>
#include <sys/wait.h>

int main() {
    pid_t child_pid;
    int status;

    // Crée un processus fils
    child_pid = fork();

    if (child_pid == 0) {
        // Code exécuté par le processus fils
        // Exécute la commande "who"
        char* who_args[] = {"who", NULL};
        execv("/usr/bin/who", who_args);
        perror("Erreur lors de l'exécution de who");
        exit(EXIT_FAILURE);
    } else if (child_pid > 0) {
        // Code exécuté par le processus parent
        // Attend la fin du processus fils
        wait(&status);

        // Exécute la commande "ps -f www"
        char* ps_args[] = {"ps", "-f", "www", NULL};
        execv("/bin/ps", ps_args);
        perror("Erreur lors de l'exécution de ps");
        exit(EXIT_FAILURE);
    } else {

        perror("Erreur lors de la création du processus fils");
        exit(EXIT_FAILURE);
    }

    // Les autres commandes (date, cd, ls -f) peuvent être ajoutées de
manière similaire
    // N'oubliez pas de gérer les erreurs pour chaque exécution de
commande.
    return 0;
}
```

Observe que o comando cd não pode ser executado diretamente via exec, pois ele altera o diretório de trabalho do processo pai. Será necessário gerenciar a mudança de diretório separadamente no seu programa. Boa programação.

Questão 3 Estudar o resultado do seguinte comando (comparar com o comando anterior)

```
% who & ps -f www & date & cd & ls -F &
phm       ttyl      Apr 28 22:26
lambert   tty2      Apr 24 13:34
UID        PID  PPID  C STIME TTY       STAT   TIME CMD
phm        580   566  0 Apr28 pts/1     S      0:00 -csh
phm       1213   580  0 11:27 pts/1     R      0:00 ps -f www
phm       1214   580  0 11:27 pts/1     S      0:00 date
phm       1216   580  0 11:28 pts/1     S      0:00 ls -F
Sat Apr 29 11:27:35 CEST 2000
ChangeLog                       processus1.log
Makefile                        processus1.make
Readme                          processus1.tex
processus1.aux                  source
processus1.dvi                  tubes.tex
```

e escrever um programa C correspondente aos comandos da shell

```
% who & ps -f www & date & cd & ls -F
```

et

```
% who & ps -f www & date & cd & ls -F &
```

e

Resolução.

Primeiro vamos comparar os dois comandos da shell :

1. O primeiro comando é :

```
% who & ps -f www & date & cd & ls -F &
```

Eis o resultado:

```
% who & ps -f www & date & cd & ls -F &
```

Voici le résultat :

```
phm       ttyl      Apr 28 22:26
lambert   tty2      Apr 24 13:34
UID        PID  PPID  C STIME TTY       STAT   TIME CMD
phm        580   566  0 Apr28 pts/1     S      0:00 -csh
phm       1213   580  0 11:27 pts/1     R      0:00 ps -f www
phm       1214   580  0 11:27 pts/1     S      0:00 date
phm       1216   580  0 11:28 pts/1     S      0:00 ls -F
Sat Apr 29 11:27:35 CEST 2000
ChangeLog                       processus1.log
```

Este comando executa vários processos em paralelo, apresentando os utilizadores ligados, as informações do processo, a data e a hora e o conteúdo do diretório atual.

2. O segundo comando é :

```
% who & ps -f www & date & cd & ls -F
```

Este comando é semelhante ao primeiro, mas não contém o último &. Isso significa que o processo não será executado em segundo plano. Em vez disso, cada comando aguardará que o anterior termine antes de continuar. Se o executarmos, obteremos resultados semelhantes, mas sem o último processo em execução em segundo plano.

Agora, aqui está um programa C correspondente aos dois comandos da shell (assumindo que queremos executar estes comandos em sequência) :

```c
#include <stdio.h>
#include <stdlib.h>
#include <unistd.h>

int main() {
    // Exécute la commande "who"
    system("who");

    // Exécute la commande "ps -f www"
    system("ps -f www");

    // Exécute la commande "date"
    system("date");

    // Exécute la commande "cd" (ne fait rien dans ce contexte)
    chdir("/"); // Change le répertoire courant au répertoire racine

    // Exécute la commande "ls -F"
    system("ls -F");

    return 0;
}
```

Este programa executa os comandos na ordem especificada, sem os executar em segundo plano. Sinta-se à vontade para o adaptar às suas necessidades.

Exercício 9 *Dê a implementação sob a forma de um programa C dos seguintes comandos da shell:*

`tar xf foo.tar gee.txt && lpr gee.txt`

et

`tar xf foo.tar gee.txt || mail -s "il y a des erreurs" marquet@lifl.fr`

Resolução.

Aqui está a implementação em C para os dois comandos de shell dados:

1. **`tar xf foo.tar gee.txt && Ipr gee.txt`** :

o Este comando extrai o ficheiro gee.txt do arquivo foo.tar e envia-o para a impressora (lpr).

o Aqui está a implementação em C para este comando:

```c
#include <stdio.h>
#include <stdlib.h>
#include <unistd.h>

int main() {
    // Extrait le fichier gee.txt de l'archive foo.tar
    system("tar xf foo.tar gee.txt");

    // Envoie gee.txt à l'imprimante
    system("lpr gee.txt");

    return 0;
}
```

2. **`marquet@lifl.frtar xf foo.tar gee.txt || mail -s "there are errors"`** :

o Este comando extrai o ficheiro gee.txt do arquivo foo.tar. marquet@lifl.frSe a extração falhar (por exemplo, se gee.txt não existir no arquivo), envia uma mensagem de correio eletrónico com o assunto "there are errors" para o endereço .

o Aqui está a implementação em C para este comando:

```
#include <stdio.h>
#include <stdlib.h>
#include <unistd.h>

int main() {
    // Extrait le fichier gee.txt de l'archive foo.tar
    int extraction_ok = system("tar xf foo.tar gee.txt");

    if (extraction_ok == 0) {
        // L'extraction a réussi
        printf("Extraction réussie !\n");
    } else {
        // L'extraction a échoué, envoie un e-mail
        system("mail -s \"il y a des erreurs\"
marquet@lifl.fr");
        printf("Envoi d'e-mail en cas d'erreur.\n");
    }

    return 0;
}
```

Não hesite em experimentar estes programas e adaptá-los às suas necessidades.

Exercício 10 *Dados os resultados dos comandos a seguir, desenhe a árvore de processos para um comando da forma* `com1 | com2 | ... | comn`.

```
% ps -f www | cat -n | tee foo | wc
      7      74     448
% cat foo
     1  UID        PID  PPID  C STIME TTY          STAT   TIME CMD
     2  phm        563   557  0 07:15 pts/1        S      0:00 -csh
     3  phm        672   563  0 08:29 pts/1        S      0:01 emacs
     4  phm       1169   563  0 11:26 pts/1        R      0:00 ps -f www
     5  phm       1170   563  0 11:26 pts/1        S      0:00 cat -n
     6  phm       1171   563  0 11:26 pts/1        S      0:00 tee foo
     7  phm       1172   563  0 11:26 pts/1        S      0:00 wc
```

Resolução.

Para desenhar a árvore de processos para este comando, vamos começar por compreender os passos e as ligações entre os diferentes processos. Veja a seguir o que cada comando faz:

1. `% ps -f www`: Mostra os processos atuais em um formato detalhado.
2. `| cat -n`: Numera cada linha da saída anterior.
3. `| tee foo`: Redireciona a saída para um arquivo chamado "foo".
4. `| wc`: Conta o número de linhas, palavras e bytes na saída.

Vejamos agora os processos e as suas relações:

- O processo inicial é `ps -f www`.
- O processo `cat -n` está ligado ao processo anterior através de um pipe.
- O processo `tee foo` está também ligado ao processo inicial através de outro tubo.
- Finalmente, o processo `wc` está ligado ao processo `tee foo`.

Segue-se um diagrama simplificado da árvore de processos:

```
ps -f www
  |
cat -n
  |
tee foo
  |
  wc
```

Cada seta representa uma conexão entre processos. Note que o processo inicial (ps -f www) está no topo da árvore, e os outros processos se ramificam a partir daí. Espero que isso ajude a visualizar a árvore de processos.

Exercício 11 *O programa*

```
#include <stdlib.h>

int main (void)
{
  system ("ps") ;
}
```

foi compilado num executável chamado `monps` *e colocado no seu diretório home. O comando shell*

`% monps`

é digitado assim que se inicia a sessão. Qual das seguintes afirmações está correta?

1. *Quando os processos actuais tiverem sido mostrados, o programa* `monps` *termina e a shell passa para o utilizador.*
2. *Uma vez visualizados os processos em curso, a sessão termina e o utilizador é desligado.*
3. *São apresentados 2 processos.*
4. *São apresentados 3 processos.*
5. *São apresentados 4 processos.*
6. *São apresentados 5 processos.*

Resolução.

O programa que compilou, monps, executa o comando shell system ("ps"), que mostra os processos actuais. Agora vamos ver as declarações e as suas respostas:

1. **Quando os processos actuais tiverem sido mostrados, o programa monps termina e a shell passa para o utilizador.**

o **Resposta:** Verdadeiro. Assim que os processos tiverem sido exibidos, o programa monps termina e o utilizador recupera o controlo da shell.

2. **Uma vez visualizados os processos em curso, a sessão termina e o utilizador é desligado.**

o **Resposta:** Falso. A sessão não termina automaticamente depois que os processos são exibidos. O utilizador continua ligado à shell.

3. **São apresentados 2 processos.**

o **Resposta:** Falso O número de processos apresentados depende do estado do sistema e dos processos atualmente em execução. Pode variar.

4. **São apresentados 3 processos.**

o **Resposta:** Falso. Como mencionado acima, o número de processos exibidos pode variar.

5. **São apresentados 4 processos.**

o **Resposta:** Falso. Mais uma vez, isso depende do contexto e dos processos em execução no seu sistema.

6. **São apresentados 5 processos.**

o **Resposta:** Falso. O número exato de processos exibidos não é especificado pelo comando monps.

Em suma, a primeira afirmação é verdadeira, enquanto as outras são falsas. Não hesite em consultar um médico se tiver dúvidas sobre a sua saúde mental, mas está em boas mãos quando se trata do sistema.

Exercício 12 *Quais são as diferenças entre as chamadas de sistema system () e* `execve ()`*?*

1. *Não há qualquer diferença.*
2. `execve ()` *executar o mesmo programa várias vezes.*
3. `execve ()` *não cria um novo processo.*

Resolução.

As chamadas de sistema system() e execve() são diferentes no seu funcionamento e efeitos. Aqui estão as distinções entre as duas:

1. **`sistema()`** :

o A função `system()` é utilizada para executar um comando shell a partir de um programa C.

o Cria um novo processo para executar o comando especificado.

o Depois de o comando ter sido executado, o controlo reverte para o programa que o chamou.

o Utiliza a shell para interpretar o comando (por exemplo, `/bin/sh`).

o É mais fácil de utilizar, mas menos flexível.

2. **`execve()`** :

o A função `execve()` é utilizada para executar um programa específico a partir de um programa C.

o Substitui a imagem do processo atual pela do programa especificado.

o Não cria um novo processo, mas reutiliza o mesmo processo.

o Após a execução bem sucedida de `execve()`, o controlo não regressa ao local onde a função foi chamada.

o Requer que o utilizador forneça explicitamente o caminho completo para o programa a ser executado e os argumentos.

Em resumo, system() é mais simples para executar comandos shell, enquanto execve() é mais poderosa para executar programas específicos substituindo o processo existente.

Exercício 13 *Para executar um processo interativo* `na shell` *com o pid p, execute o comando* `ps`.

1. *O processo p é transformado num processo que executa* `ps`.
2. *O processo p cria um filho f que executa* `ps` *e espera que p termine antes de se terminar a si próprio.*
3. *O processo p cria um filho f que executa* `ps`*, e p espera que este processo f termine antes de retomar a execução normal.*
4. *O processo p cria um filho f que executa* `ps`*, e retoma a execução sem esperar que f termine.*

Resolução.

Aqui está um exemplo de um programa shell que ilustra o cenário em que o processo pai cria um filho que executa o comando ps e espera que ele termine antes de retomar a execução normal:

```
#!/bin/bash

# Créer un processus fils
```

```
echo "Processus parent (PID $$) : Création du processus fils"
./fils.sh &

# Attendre que le processus fils se termine
wait

# Reprendre l'exécution normale du processus parent
echo "Processus parent : Exécution normale après la terminaison du
processus fils"
```

```
#!/bin/bash
#  Criar um processo filho
echo "Processo pai (PID $$) : Criar processo filho" ./children.sh &
#  Aguarda que o processo filho termine wait
#  Retomar a execução normal do processo principal
echo "Processo pai: Execução normal após o término do processo filho".
```

O conteúdo do ficheiro son.sh (ficheiro de processo son) pode ser o seguinte:

```
#!/bin/bash

# Exécuter la commande ps
echo "Processus fils (PID $$) : Exécution de la commande ps"
ps
```

```
#!/bin/bash
#  Executar o comando ps
echo "Processo filho (PID $$): Executa o comando ps" ps
```

Neste exemplo, o processo pai cria um filho lançando o script son.sh. O pai espera que o filho termine antes de retomar a execução normal. O processo filho simplesmente executa o comando ps.

Pode personalizar o conteúdo dos guiões de acordo com as suas necessidades específicas.

Exercício 14 *Já está familiarizado com a chamada de sistema* `fork()` *para criar um processo. Existe outra,* `vfork()`, *que se comporta de forma ligeiramente diferente: não há cópia de dados e da pilha, o novo processo partilha-os com o seu pai. O processo pai é suspenso até que o filho faça uma chamada para* `execve()` *ou termine.*

Quais são as vantagens e desvantagens desta chamada de sistema? Dê um exemplo de um programa que normalmente usaria `vfork()`.

Resolução.

A chamada de sistema vfork() tem vantagens e desvantagens específicas em comparação com a chamada de sistema fork(). Aqui estão as principais diferenças:

1. **Vantagens de vfork()** :

   o **Consome menos tempo e memória**: Ao contrário de fork(), vfork() não copia o espaço de endereço do processo pai. Isso significa que ele é mais rápido e requer menos memória.

   o **Utilizar durante a execução de um novo programa**: vfork() foi concebido para ser utilizado quando o processo filho pretende chamar uma primitiva de sobreposição (tal como exec*). Ele compartilha o de endereço com o processo pai até que ele execute uma nova imagem de programa.

   o **Sem cópia de segmentos de memória**: vfork() não duplica os segmentos de código, dados e pilha do processo pai, o que o torna mais eficiente.

2. **Desvantagens de vfork()** :

o **Comportamento imprevisível**: se o processo filho modificar o espaço de endereço partilhado antes de chamar exec*, isto pode levar a resultados inesperados.

o **Uso limitado**: vfork() é útil principalmente para chamadas exec*. Para outras utilizações, pode ser perigoso e imprevisível.

Aqui está um exemplo de um programa C usando vfork() :

```
#include <stdio.h>
#include <stdlib.h>
#include <unistd.h>

int main() {
    pid_t child_pid = vfork();

    if (child_pid == 0) {
        // Code du processus fils
        printf("Processus fils : PID = %d\n", getpid());
        // Appel à exec* ou _exit ici
        _exit(0);
    } else if (child_pid > 0) {
        // Code du processus parent
        printf("Processus parent : PID = %d\n", getpid());
        // Attendre que le processus fils se termine
        wait(NULL);
    } else {
        perror("Erreur lors de vfork()");
        exit(EXIT_FAILURE);
    }

    return 0;
}
```

Não se esqueça que o vfork() raramente é utilizado diretamente, uma vez que as técnicas modernas de copy-on-write (COW) reduziram a vantagem inicial do vfork().

3.3. Gerir utilizadores e grupos

No Linux, as informações do grupo são armazenadas no ficheiro /etc/group. Pode utilizar comandos para criar um grupo, adicionar um utilizador a um grupo, apresentar a lista de utilizadores no grupo e remover um utilizador de um grupo.

O que é um grupo Linux?

Um grupo de utilizadores de Linux ou GNU/Linux, bem como GNU/Hurd, ou mesmo simplesmente GNU, é um grupo de utilizadores de computadores - frequentemente uma associação local, por vezes uma nacional - no qual se reúnem utilizadores e apoiantes do sistema operativo GNU/Linux.

O que é um utilizador em Linux?

Qualquer indivíduo que necessite de interagir com um sistema Linux terá de se identificar. O utilizador autenticado será reconhecido por um nome único e um ID único.

(ID do utilizador). A informação sobre os utilizadores é armazenada no ficheiro /etc/passwd.

Como mostrar os utilizadores de um grupo no Linux?

Como é que se listam todos os membros de um grupo?

Para listar todos os membros de um grupo, utilize o comando **getent** seguido do nome do grupo. A saída mostra o nome do grupo, o seu ID e os utilizadores membros. Se a saída estiver vazia, o grupo não existe.

Como é que atribuo um utilizador a um grupo Linux?

Para adicionar um utilizador a um grupo, utilize o comando **usermod** com as opções **-aG**. As opções são explicadas abaixo:

-G: nova lista de GRUPOS adicionais.

-a: modo de anexação para modificar a configuração do utilizador.

Como posso criar um utilizadores no Linux?

Procedimento

1. Para **criar um grupo**, utilize o comando **groupadd.** ...
2. Para adicionar um membro a um **grupo** adicional, utilize o comando **usermod** para listar os **grupos** adicionais dos quais o **utilizador** é atualmente membro e os **grupos** adicionais dos quais o **utilizador** deverá tornar-se membro.

3.4. Redirecionar fluxos e criar scripts de shell

Muitos comandos Bash retornam um resultado. Por padrão, o resultado retornado será exibido diretamente no Terminal. Muitas vezes, no entanto, queremos garantir que o resultado de um comando seja armazenado em um arquivo ou reutilizado para outro comando. Podemos fazer isso usando redirecionamentos de entrada e saída.

Antes de mais, é preciso saber que cada ordem está associada a três fluxos:

1. A entrada padrão (ou stdin) que corresponde à entrada 0 ;
2. A saída padrão (ou stdout) que corresponde à entrada 1 ;
3. A saída de erro padrão (stderr) que corresponde à entrada 2.

Saída padrão e redireccionamento

A maioria dos comandos que retornam um resultado fá-lo-ão através da entrada 1. Por predefinição, a saída padrão direciona o resultado para o ecrã atual (o Terminal). > > Pode usar um chevron de fecho para pedir à saída padrão para direcionar o resultado para um ficheiro usando a seguinte sintaxe: command my_file.txt. Aqui, o resultado do comando "command" será direcionado para o ficheiro "my_file.txt".

```
Pierres-MacBook-Pro:~ pierre$ pwd
/Users/pierre
Pierres-MacBook-Pro:~ pierre$ ls > desktop/test.txt #Enregistre le résultat de ls dans un fichier "
test.txt" sur le bureau
```

No exemplo acima, redireccionamos o resultado de um comando ls (que apresenta os diferentes itens de um diretório) para um ficheiro chamado "test.txt" no nosso ambiente de trabalho.

>Atenção a uma coisa: quando se utiliza , o resultado armazenado no ficheiro substitui o conteúdo anterior do ficheiro. >>Para adicionar o resultado após o conteúdo já existente no ficheiro, utilizaremos um duplo chevron .

```
Pierres-MacBook-Pro:~ pierre$ pwd
/Users/pierre
Pierres-MacBook-Pro:~ pierre$ ls >> desktop/test.txt
```

Tenha também em atenção que, se o ficheiro de redireccionamento mencionado não existir, será automaticamente criado.

Saída de erro padrão e redirecionamento

A saída de erro padrão gere a apresentação de erros que podem ser devolvidos

quando um comando não pode, por uma razão ou outra, fazer o seu trabalho (má sintaxe da nossa parte, etc.).
Por defeito, a saída padrão redirecciona as mensagens de erro para ecrã atual, o que significa que os erros serão apresentados diretamente no Terminal.
Por vezes, queremos ocultar os erros dos utilizadores porque alguns erros podem conter informações sensíveis ou podem não ser relevantes para o utilizador. Nestes casos, podemos redirecionar a saída padrão para um ficheiro utilizando a sintaxe comando 2> my_file ou comando 2>> my_file como anteriormente.

```
Pierres-MacBook-Pro:~ pierre$ pwd
/Users/pierre
Pierres-MacBook-Pro:~ pierre$ ls > desktop/test.txt 2>desktop/erreur.txt
```

Note que "2" representa a saída de erro padrão. Os números são úteis aqui para diferenciar entre as diferentes entradas. Os números inteiros 0, 1 e 2 são chamados descritores de ficheiros.
Também podemos redirecionar a saída de erro padrão para a saída padrão do comando utilizando a sintaxe de comando 2>&1. Isto pode ser útil se tiver definido previamente um redireccionamento para a saída padrão.

Entrada standard e redireccionamento

A maioria dos comandos aceita dados de entrada que lhes dirão o que fazer a partir do que é conhecido como entrada padrão. Por defeito, a entrada padrão obtém dados do teclado. Também neste caso, podemos redirecionar a entrada padrão para que aceite dados armazenados em ficheiros. < Para fazer isso, desta vez vamos usar um chevron de abertura como este: command < meu_arquivo.txt.

```
Pierres-MacBook-Pro:~ pierre$ pwd
/Users/pierre
Pierres-MacBook-Pro:~ pierre$ ls > desktop/test.txt 2>desktop/erreur.txt
Pierres-MacBook-Pro:~ pierre$ sort < desktop/test.txt
Applications
Creative Cloud Files
Desktop
Documents
Downloads
Library
Movies
Music
Pictures
Public
```

feitiço cuja função é ordenar os dados por ordem alfabética por defeito e devolver o resultado.
Claro que não há nada que nos impeça de redirecionar tanto o standard input como o standard output:

```
Pierres-MacBook-Pro:~ pierre$ pwd
/Users/pierre
Pierres-MacBook-Pro:~ pierre$ ls > desktop/test.txt 2>desktop/erreur.txt
Pierres-MacBook-Pro:~ pierre$ sort < desktop/test.txt > desktop/ls_trie.txt
```

Aqui, passamos o nosso ficheiro "test.txt" para o comando sort e redireccionamos o seu resultado para outro ficheiro chamado "ls_trie.txt".

Ligação de vários controlos entre si

Redirecionar o resultado de um comando para um ficheiro em vez de para ecrã atual não é o único tipo de redireccionamento que podemos fazer com o Bash. Também podemos injetar diretamente o resultado um comando em outro. Este é um recurso muito útil e poderoso. | Para isso, basta usar uma barra vertical entre nossos diferentes comandos.

Por exemplo, podemos passar o resultado de um comando ls -l para um comando sort numa linha como esta:

```
Pierres-MacBook-Pro:~ pierre$ sort | ls -l
total 0
drwxr-xr-x   3 pierre  staff    96 Jul 18 23:35 Applications
drwxrwxr-x@  3 pierre  staff    96 Jul 16 09:22 Creative Cloud Files
drwx------+ 43 pierre  staff  1376 Jul 28 15:33 Desktop
drwx------+  4 pierre  staff   128 Jun 12 11:09 Documents
drwx------+ 14 pierre  staff   448 Jul 23 20:09 Downloads
drwx------@ 67 pierre  staff  2144 Jul 18 23:27 Library
drwx------+  4 pierre  staff   128 Jun  9 19:07 Movies
drwx------+  4 pierre  staff   128 Jun 13 13:15 Music
drwx------+  5 pierre  staff   160 Jul 16 09:32 Pictures
drwxr-xr-x+  4 pierre  staff   128 Jun  6 13:48 Public
```

Nota: o redireccionamento de comandos, tal como descrito acima, é semelhante em conceito à substituição de comandos descrita acima. No entanto, os processos utilizados não são os mesmos e a linguagem não trata estas duas operações da mesma forma. Os conceitos usados aqui são relativamente específicos e complexos de entender, por isso não os abordaremos mais neste livro.

Quadro recapitulativo dos redireccionamentos

Encomendar	Definição
C > f	Executa o comando "C" e redirecciona a sua saída padrão para o ficheiro "f", substituindo o seu conteúdo ou criando-o caso não exista.
C >> f	Executa o comando C e redirecciona a sua saída padrão para o fim do ficheiro f
C 2> f	Executa o comando C e redirecciona a sua saída de erro padrão para o ficheiro f, substituindo o seu conteúdo ou criando f se este não existir.
C 2>> f	Executa o comando C e redirecciona a sua saída de erro padrão para o fim de f.
C 2>&1	Executa o comando C e redirecciona a sua saída de erro padrão para a sua saída padrão.
Encomendar	**Definição**
C < f	Executa o comando C, passando o conteúdo de f para a sua entrada padrão.
C1 | C2	Executa o comando C1 e injecta o seu resultado (o conteúdo da sua saída padrão) na entrada padrão do comando C2.

Linux/Shell: fluxos de redireccionamento

Com a consola Linux, a operação é sempre a mesma:

digita-se o comando (por exemplo, cat, ls, du) ;
o resultado é apresentado na consola.
No entanto, é possível redirecionar este resultado. Em vez de o resultado ser apresentado na consola, pode enviá-lo para outro local: para um ficheiro ou como entrada para outro comando para executar "cadeias de comandos, utilizando símbolos especiais chamados *fluxos de redireccionamento*, 1) > e >>: redirecciona o resultado para um ficheiro
A operação mais simples que vamos ver agora permite-lhe **escrever o resultado de um comando num ficheiro**, em vez de o mostrar na consola.

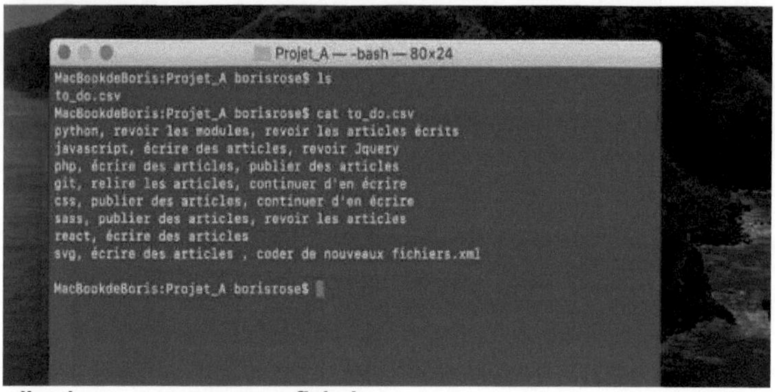

> : redirecionar para um novo ficheiro

Suponhamos que queremos escrever todos os primeiros campos num ficheiro (por exemplo, python, git, css).
> É aqui que o símbolo (conhecido como **chevron**) entra em ação. Este símbolo é utilizado redirecionar o resultado do comando para o ficheiro da sua escolha.

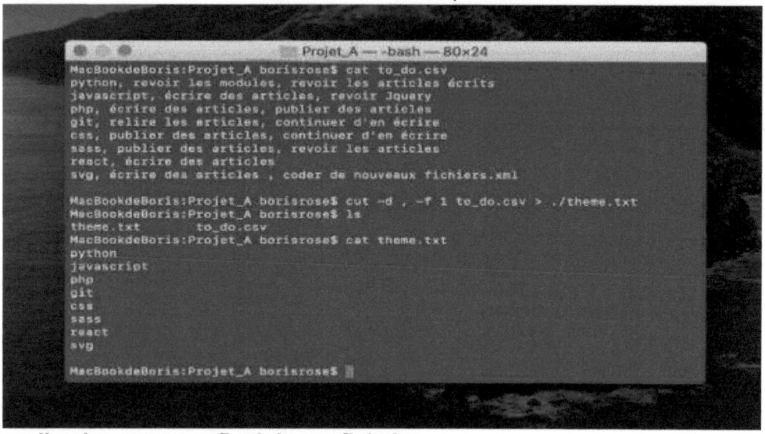

>> redirecionar para o final de um ficheiro

>> O chevron duplo também é utilizado para redirecionar o resultado para um ficheiro, mas desta vez para o fim do ficheiro. Não há risco de sobrescrever o ficheiro se este já existir. Se o ficheiro não existir, será criado automaticamente.

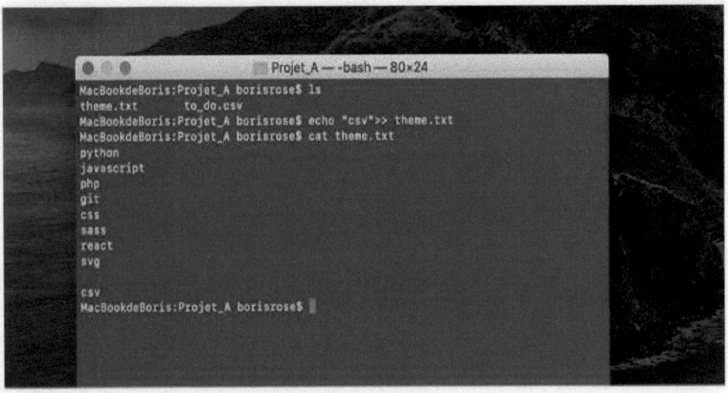

2) 2>, 2>> e 2>&1: erros de redireccionamento

Todos os comandos produzem dois fluxos de dados diferentes: **saída padrão**: para todas as mensagens (exceto erros);

saída de erro: para todos os erros.

Vamos dar um exemplo concreto para ver como funciona.

Suponhamos que se trata do ficheiro to_do.csv para visualizar o seu conteúdo.

Há duas possibilidades:

se tudo correr bem, o resultado (o conteúdo do ficheiro) é apresentado na saída padrão ;

se houver um erro, este é apresentado na saída de erro.

Por defeito, tudo é apresentado na consola: a saída padrão e a saída de erro. Isto explica porque é que até agora não conseguia ver a diferença entre estes dois outputs: pareciam idênticos.

Redirecionar os erros para um ficheiro separado

Poderá querer registar os erros num ficheiro separado para não os esquecer e poder analisá-los mais tarde.

Para o fazer, utilizamos o operador 2>.

Vamos fazer um segundo redireccionamento no final deste comando:

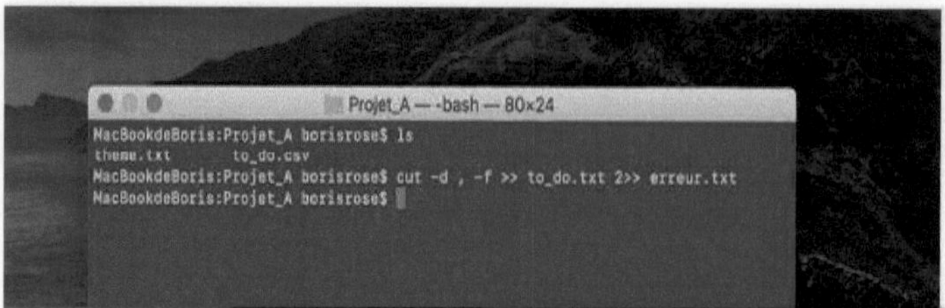

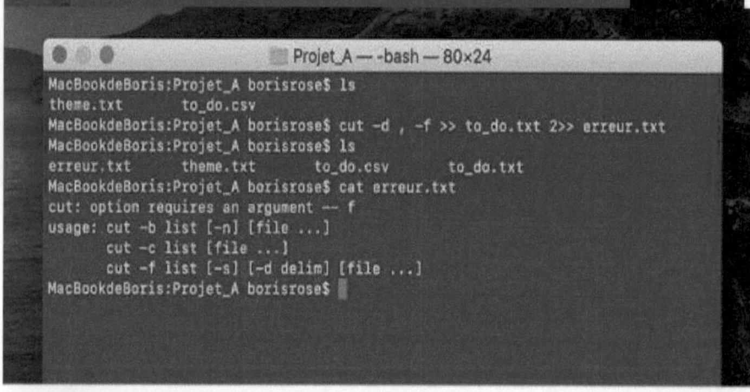

Fusão de resultados

É possível fundir os resultados num único ficheiro. Utilize o seguinte código: 2>&1. Isto tem efeito de redirecionar toda a saída de erro para a saída padrão. Eu disse-lhe que era possível utilizar 2>> para redirecionar os erros para o fim de um de erros. No entanto, não é possível escrever 2>>&1. De facto, o símbolo 2>&1 enviará os erros para o mesmo ficheiro e **da mesma forma** que a saída padrão.

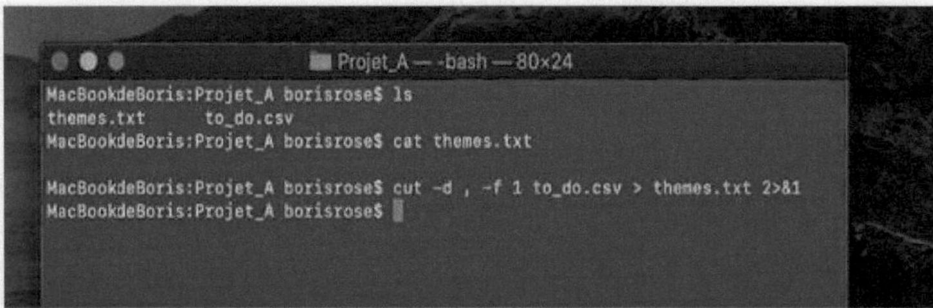

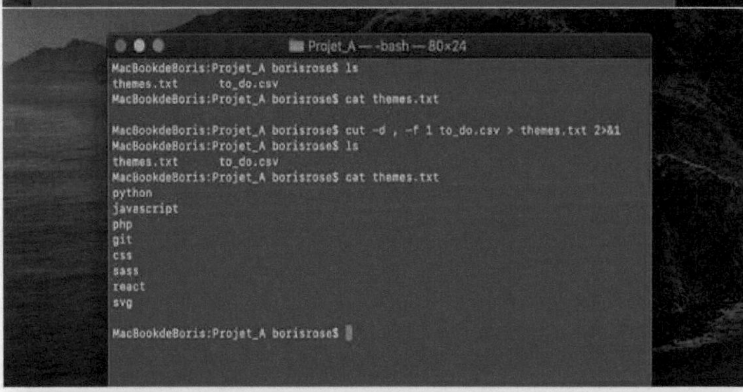

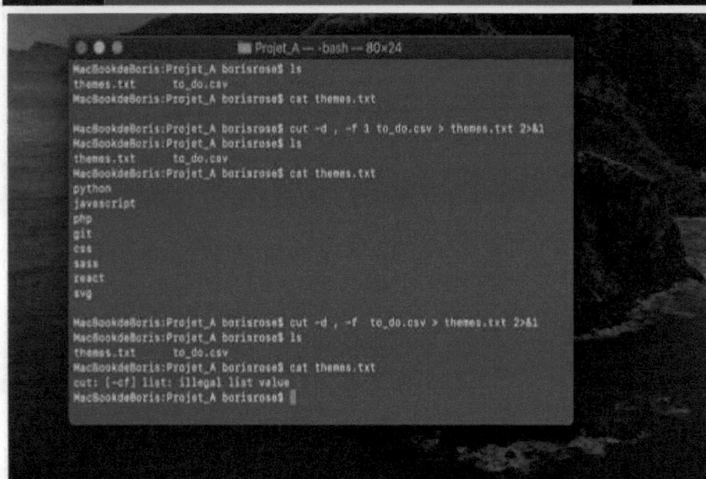

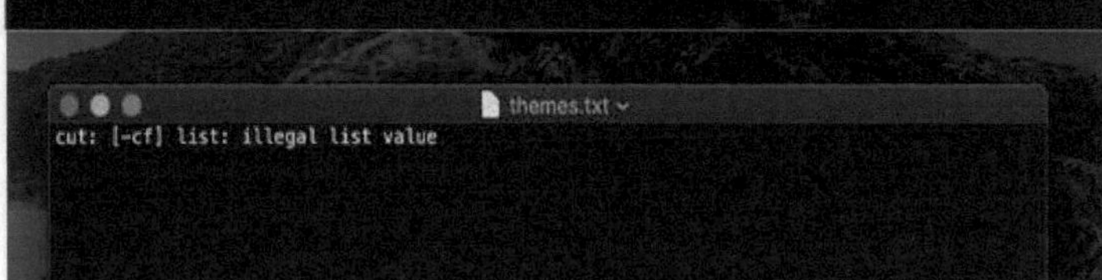

<3) < e <: ler a partir de um ficheiro ou do teclado

De momento, apenas redireccionámos a **saída** dos comandos. Já decidimos para onde enviar as mensagens destes comandos. Agora vamos escolher de onde vem a **entrada** para um comando. Até agora, a entrada vinha dos parâmetros do comando, mas agora podemos fazê-la vir de um ficheiro ou da entrada do teclado.

< ler de um ficheiro

< O chevron de abertura (não confundir com o chevron de fecho) é utilizado indicar de onde vem a entrada enviada para o comando.

Vejamos um exemplo: o comando cat

```
MacBook-de-Boris:Projet_A borisrose$ cat < to_do.csv
python, revoir les modules, revoir les articles écrits
javascript, écrire des articles, revoir Jquery
php, écrire des articles, publier des articles
git, relire les articles, continuer d'en écrire
css, publier des articles, continuer d'en écrire
sass, publier des articles, revoir les articles
react, écrire des articles
svg, écrire des articles , coder de nouveaux fichiers.xml

MacBook-de-Boris:Projet_A borisrose$
```

Isto mostrará o conteúdo do ficheiro enviado como entrada.

Escrever cat < to_do.csv é exatamente o mesmo que escrever cat to_do.csv na aparência. O resultado é o mesmo, mas o que acontece por trás dele é muito diferente.

Se escrever cat to_do.csv, o comando cat receberá como entrada o nome do ficheiro to_do.csv, que abrirá para mostrar o seu conteúdo.

Se escrever cat < to_do.csv, o comando cat recebe **o conteúdo** de to_do.csv que simplesmente exibe na consola. O shell é responsável por enviar o conteúdo de to_do.csv para o comando cat.

<< ler progressivamente a partir do teclado

<< O chevron duplo de abertura faz algo bastante diferente: enviar conteúdo para um comando utilizando o seu teclado. Isto pode ser muito útil.

```
Projet_A — -bash — 80×24
Last login: Sun Feb 13 11:37:52 on ttys001

The default interactive shell is now zsh.
To update your account to use zsh, please run `chsh -s /bin/zsh`.
For more details, please visit https://support.apple.com/kb/HT208050.
MacBook-de-Boris:~ borisrose$ cd Desktop && cd Projets_Shell && cd Projet_A
MacBook-de-Boris:Projet_A borisrose$ ls
themes.txt      to_do.csv
MacBook-de-Boris:Projet_A borisrose$ sort -n << STOP
> 12
> 1
> 5
> 20
> STOP
1
5
12
20
MacBook-de-Boris:Projet_A borisrose$
```

Assim, após o comando sort -n << STOP, a consola irá pedir-lhe para escrever texto. Como o sort -n é usado para ordenar números, vamos escrever números,

um por linha (pressionando a tecla Enter de cada vez).
Quando tiver terminado, prima STOP para parar de escrever.
Todo o texto escrito é então enviado para o comando (neste caso, sort) que o processa como entrada. O comando sort ordena os números.
Além disso, a palavra STOP pode ser substituída por qualquer outra palavra. Quando escreve o comando, pode utilizar qualquer palavra que queira. O importante é que defina uma palavra-chave que será utilizada para indicar o fim da entrada. Não tem qualquer obrigação de escrever esta palavra em maiúsculas.
Pode combinar estes símbolos com os que foram vistos acima. Por exemplo :

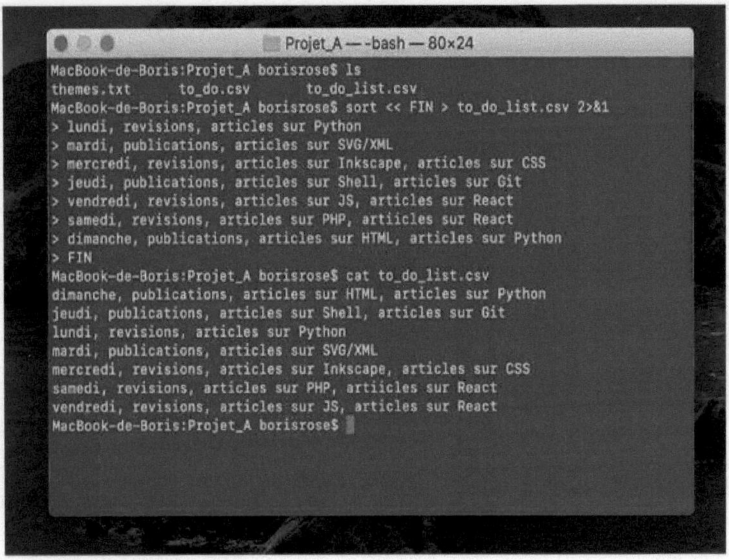

|: encomendas em cadeia

| Passemos agora ao símbolo mais interessante e que utilizará com mais frequência: o **pipe**, que pode ser utilizado para encadear comandos.
| O pipe não é um símbolo que habituados a escrever. Num teclado AZERTY francês, por exemplo, pode escrevê-lo combinando as teclas Alt Gr + 6, e num teclado belga, Alt Gr + 1. Num teclado Mac, é Alt + Shift + L.
"comandos? Isto significa ligar a saída de uma ordem à entrada de outra.
Por outras palavras, **tudo o que sai do commandel é imediatamente enviado para o command2**. E pode encadear comandos como este indefinidamente.
Exemplo:

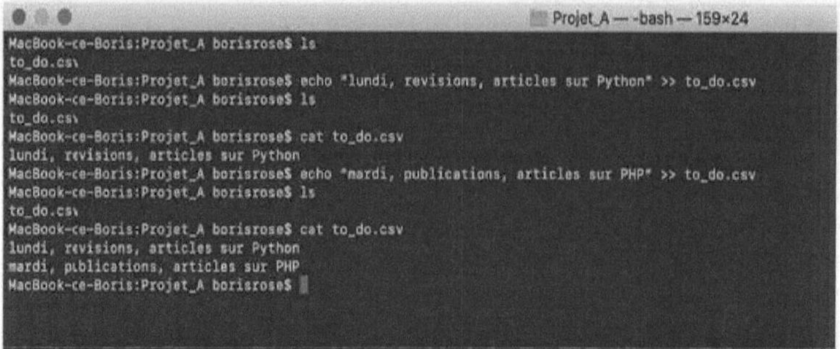

```
Projet_A — -bash — 159×24
MacBook-ce-Boris:Projet_A borisrose$ ls
to_do.csv
MacBook-ce-Boris:Projet_A borisrose$ echo "lundi, revisions, articles sur Python" >> to_do.csv
MacBook-ce-Boris:Projet_A borisrose$ ls
to_do.csv
MacBook-ce-Boris:Projet_A borisrose$ cat to_do.csv
lundi, revisions, articles sur Python
MacBook-ce-Boris:Projet_A borisrose$ echo "mardi, publications, articles sur PHP" >> to_do.csv
MacBook-ce-Boris:Projet_A borisrose$ ls
to_do.csv
MacBook-ce-Boris:Projet_A borisrose$ cat to_do.csv
lundi, revisions, articles sur Python
mardi, publications, articles sur PHP
MacBook-ce-Boris:Projet_A borisrose$
```

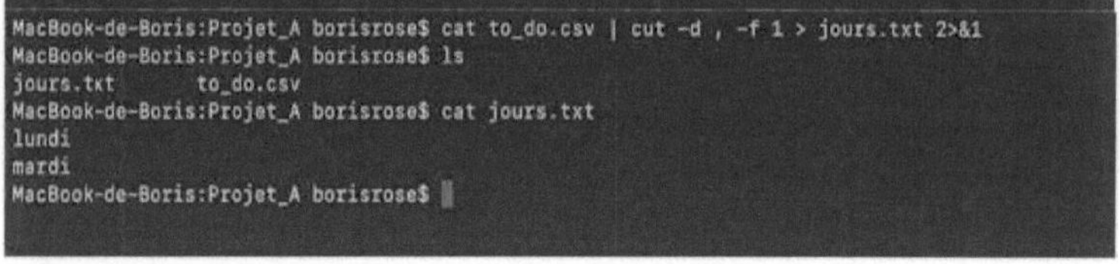

```
MacBook-de-Boris:Projet_A borisrose$ cat to_do.csv | cut -d , -f 1 > jours.txt 2>&1
MacBook-de-Boris:Projet_A borisrose$ ls
jours.txt       to_do.csv
MacBook-de-Boris:Projet_A borisrose$ cat jours.txt
lundi
mardi
MacBook-de-Boris:Projet_A borisrose$
```

Capítulo 4

Administração de sistemas Unix/Linux

4.1. Instalar o sistema operativo Unix/Linux[XI]

Instalação em modo de consola (UNIX e Linux)

Execute a instalação no modo de consola se pretender complementar as opções de instalação com uma série de menus e avisos numa interface de utilizador baseada em texto.

Antes de começar

Obter o pacote de instalação para o seu sistema operativo e extrair o conteúdo. Consultar a regra de acesso para motor de desenvolvimento (DE). Se um mecanismo DE já estiver instalado no computador, salve o mecanismo.

Porquê e quando realizar esta tarefa

Sugestão: Durante a instalação, pode introduzir sair na maioria dos ecrãs de menu para sair do programa de instalação. Também pode introduzir back em alguns dos ecrãs de menu para regressar ao ecrã anterior.

Procedimento

Para instalar o Tivoli Netcool/OMNIbus no modo de consola :

1. Vá para o diretório onde extraiu o conteúdo do módulo de instalação e execute o seguinte comando: install.bin -i console

Dica: Use a opção de linha de comando -r para salvar suas configurações de instalação em um arquivo de resposta chamado installer.properties, que pode ser usado posteriormente para executar instalações silenciosas. A opção de linha de comando -r deve ser a última opção especificada. Se estiver a instalar como utilizador root, não é necessário qualquer valor para a opção -r e o ficheiro installer.properties é gerado no diretório que contém o comando **install.bin**. Se estiver a instalar como um utilizador não raiz, especifique o caminho completo do diretório e o nome do ficheiro, por exemplo: ./install.bin -r /tmp/installer.properties.

2. Introduzir um número correspondente à língua a utilizar no procedimento de instalação.

3. Leia as informações de instalação e prima Enter quando solicitado. Prima Enter para ver o contrato de licença e, em seguida, introduza 1 para aceitar o contrato.

4. Se estiver a instalar como root, introduza 1 para confirmar que pretende instalar como root e, em seguida, escolha Instalar Motor de Implementação. Se um

5. motor de desenvolvimento, não é oferecida a opção de selecionar a localização do motor de desenvolvimento.

Opção	Cabeçalho
1	Aceita o local de instalação padrão para o mecanismo DE.
2	Permite-lhe especificar uma localização diferente. Utilize esta opção apenas para sistemas restritos em que o utilizador raiz não pode escrever no diretório /usr, por exemplo, áreas esparsas do Solaris. Os ficheiros da

[XI] McKusick, M. K., & Neville-Neil, G. V. (2004). *O Design e a Implementação do Sistema Operacional FreeBSD*. Addison-Wesley Professional.

	base de dados do motor DE são instalados em var/ibm/common/acsi e os restantes ficheiros são instalados na localização especificada. Se o motor DE já estiver instalado, a instalação existente tem prioridade.

6. Se estiver a atualizar como um utilizador não-root, não lhe será solicitada a localização do DE Engine. O DE Engine é instalado em */home/username/.acsi_hostname*, onde *username* é o nome do utilizador que efectua a atualização. Uma ligação simbólica entre /home/username/*.acsi_username*, que é o diretório de instalação do motor de implementação em versões anteriores, aponta para */home/username/.acsi_hostname*.
7. Se estiver a instalar como root, é apresentada a página Autonomic Deployment Engine. Escolha as regras de segurança de acesso do usuário que deseja aplicar ao Deployment Engine :

Opção	Descrição
1	Mantém as regras de segurança em vigor.
2	Limita a utilização do motor DE ao utilizador raiz.
3	Limita a utilização do motor DE ao utilizador raiz e a um grupo de utilizadores. O grupo já deve existir. Não é possível criar um grupo de utilizadores nesta fase.
4	Permite que todos os utilizadores utilizem o motor DE. Os utilizadores devem ter acesso de escrita diretório da base de dados DE.

8. Especifique e confirme um local de instalação para o Tivoli Netcool/OMNIbus. Esta localização torna-se a sua localização NCHOME. A localização predefinida é /opt/IBM/tivoli/netcool.
9. Introduzir 1 para instalar todas as funções ou 2 para selecionar um subconjunto de funções a instalar. Se introduzir 2, introduza uma lista de números, separados por vírgulas, correspondentes às funções de que não necessita. Em seguida, reveja e confirme a seleção de funções.
10. Introduza 2 para indicar que não pretende migrar dados de uma instalação Tivoli Netcool/OMNIbus existente.
11. Verifique o resumo das tarefas de pré-instalação e se todas as funções obrigatórias foram selecionadas. Em seguida, prima Enter para iniciar a instalação. Quando o processo estiver concluído, aparecerá uma mensagem de confirmação.
12. Prima Enter para sair do de instalação.

Resultados

A instalação adiciona uma série de ficheiros ao seu sistema.

O que fazer a seguir

Verifique as mensagens nos arquivos de log de instalação. Antes de tentar executar o Tivoli Netcool/OMNIbus, é necessário executar determinadas tarefas de pós-instalação. Isso inclui instalar e configurar componentes de digitalização e gateway necessários. Se a instalação falhar, pode ser necessário reiniciar.

4.2. Configuração dos parâmetros do sistema e da rede

Configurações de rede no Linux

O objetivo é familiarizar-se com os comandos de configuração de rede em Linux.

- Abra um terminal e digite o comando **ifconfig** para descobrir e configurar os parâmetros de rede. Para conhecer a sintaxe de um comando, existe um manual em linha para Linux. Por exemplo, para saber a sintaxe do **ifconfig**, escreva: **man ifconfig**.
- Determinar a configuração atual da sua interface de rede (endereço IP, máscara, endereço MAC).

```
user@ubuntu:~$ ifconfig
eth2      Link encap:Ethernet  HWaddr 00:0c:29:bd:32:a9
          inet adr:192.168.154.133  Bcast:192.168.154.255  Masque:255.255.255.0
```

- Utilize o comando **route -n** para ver a tabela de encaminhamento da sua máquina. Comente as diferentes linhas e valores. Explique exatamente como a sua máquina utiliza a tabela de encaminhamento quando pretende enviar um pacote para uma máquina na sua LAN e para uma máquina remota.

```
user@ubuntu:~$ route -n
Table de routage IP du noyau
Destination     Passerelle      Genmask         Indic Metric Ref    Use Iface
192.168.154.0   0.0.0.0         255.255.255.0   U     0      0        0 eth2
0.0.0.0         192.168.154.2   0.0.0.0         UG    0      0        0 eth2
```

No exemplo acima, a primeira linha indica que o PC está diretamente ligado, através da sua interface Ethernet 2, ao endereço de rede 192.168.154.0 (o endereço IP do PC é 192.168.154.133 e a sua máscara é 255.255.255.0, pelo que faz parte da rede 192.168.154.0). A segunda linha indica que para chegar a todos os outros endereços (0.0.0.0) é preciso usar o gateway 192.168.154.2, saindo pela interface Ethernet 2.

- Abra um terminal e vá para o subdiretório **netkit** do seu diretório de trabalho (**cd netkit**). Crie um novo subdiretório **tp** no **netkit** (**mkdir tp**). Vá para esta subdiretoria (**cd tp**).
- Para iniciar uma máquina virtual, digite o seguinte comando: **vstart pc1 --eth0=A**

Este comando inicia a máquina virtual chamada pc1 com uma única interface Ethernet ligada a uma rede chamada "A". Deve aparecer uma nova janela correspondente a esta máquina.

- Inicie uma segunda máquina pc2 ligada à mesma rede Ethernet da mesma forma.

vstart pc2 --eth0=A

- Utilize **os** comandos **ifconfig** e **route** para configurar os dois PCs de modo a que possam comunicar e o pc1 possa atuar como gateway para o pc2 (verifique a comunicação utilizando o comando **ping**).

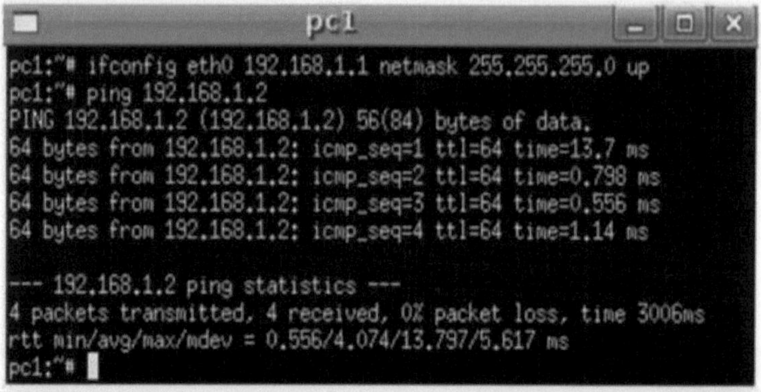

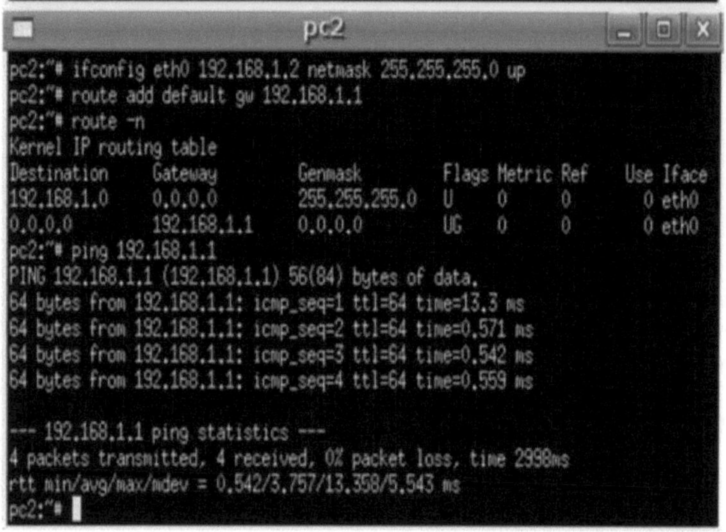

- Para parar as máquinas virtuais, digite o comando **vhalt pc1** (ou pc2). Também pode eliminar os ficheiros criados pelo NetKit no subdiretório **tp**.

Uma explicação mais completa de como o NetKit funciona e de como utilizar os seus comandos pode ser encontrada em: http://wiki.netkit.org/index.php/Labs Official#Introduction

4.3 Gestão de serviços e pacotes de software

Pacotes Linux

Esta secção é dedicada à gestão de pacotes de software em Linux. Cobrirá o manuseamento diário de utilitários básicos como o dpkg e o rpm, bem como gestores de repositórios como o apt e o yum. Iremos alargar esta visão com outras ferramentas como o opkg, pacman, emerge ou apk.

4.3.1. Gestor de pacotes

4.3.1.1. Gestor de pacotes

Um gestor de pacotes é uma ou mais ferramentas que automatizam o processo de instalação, desinstalação e atualização de software instalado num sistema informático.

Um pacote é um arquivo que contém os ficheiros informáticos, as informações e os procedimentos necessários para instalar software num sistema operativo, assegurando simultaneamente a consistência funcional do sistema modificado.

4.3.1.2. Utilidade

O gestor de pacotes permite-lhe efetuar várias operações com os pacotes disponíveis:

- Instalar, atualizar e desinstalar o ;
- Utilização de pacotes de vários suportes (CDs de instalação, transferências da Internet, partilhas de rede, etc.);
- Verificação das somas de controlo de cada pacote recuperado para verificar a sua integridade ;
- Verificar as dependências de software para obter uma versão funcional de um pacote

4.3.1.3. Nomenclatura dos sistemas de embalagem

Existem dois tipos principais de sistemas de pacotes, dependendo das principais famílias de distribuições Linux:

- RPM: Redhat Enterprise Linux, Fedora, Centos, ...
- DPKG: Debian, Ubuntu, Mint, Raspbian, ...

Outros sistemas também merecem ser considerados:

- Porta/emergência: Gentoo
- Pacman : Archlinux
- opkg : OpenWRT

4.3.1.4. utilitário dpkg

O Dpkg é utilizado para instalar, remover e fornecer informação acerca de pacotes *deb que são suportados por distribuições baseadas em Debian.

Como uma ferramenta de baixo nível, o dpkg -i / dpkg -r pode ser usado para instalar ou desinstalar ficheiros .deb. Para estas tarefas, nós preferimos usar ferramentas mais avançadas como aptitude ou apt-get, apt-cache.

Comandos úteis do dpkg

Para listar todos os pacotes instalados com direitos privados :

dpkg -l ou

dpkg --get-selections

Para verificar se um pacote está instalado :

dpkg -s wget

Para listar os ficheiros instalados por um pacote :

dpkg -L wget

Para reconfigurar um pacote instalado :

dpkg-reconfigure locales

4.3.1.5. utilitário rpm

O RPM é o outro sistema básico. Permite-lhe instalar, atualizar, desinstalar, verificar e procurar pacotes, com direitos de utilizador root.

Para instalar um pacote :

rpm -ivh ficheiro.rpm

Para atualizar um pacote :

rpm -Uvh ficheiro.rpm

Para desinstalar um pacote :
rpm -evv ficheiro.rpm
Verificar a assinatura de um pacote :
rpm --checksig ficheiro.rpm

comando rpm -q

Listar todos os pacotes instalados :
rpm -qa
Verificar se um pacote está instalado :
rpm -q wget
Listar os ficheiros de um pacote instalado :
rpm -ql wget
Obter todas as informações sobre um pacote instalado :
rpm -qi wget
Obter todas as informações sobre um pacote antes de o instalar :
rpm -qip ficheiro.rpm

4.3.2. Depósito de pacotes

Um gestor de pacotes avançado, como o apt ou o yum, gere as fontes de software (normalmente já compiladas) e a sua autenticidade.

O local onde essas fontes são colocadas é chamado de repositório de pacotes. Esta fonte é normalmente uma fonte local, como um CD ou DVD, um servidor HTTP/FTP da Internet ou um espelho do repositório local.

A definição de um repositório de pacotes depende não só da fonte em si, mas também da distribuição, da arquitetura de hardware, das fontes oficiais e de outros factores.

Alguns programadores de software os seus próprios binários de instalação para distribuições e alojam os seus próprios repositórios de pacotes.

4.3.2.1. Princípio de funcionamento

Como funciona um gestor de pacotes avançado :

- O software disponível está contido numa lista que deve ser mantida actualizada para garantir a coerência em todo o sistema.
- No momento do pedido de instalação, esta lista é consultada para selecionar os ficheiros necessários.
- O sistema de pacotes descomprime e coloca os vários ficheiros binários, de configuração e de documentação nos locais apropriados. Eventualmente, ocorre um diálogo de configuração.
- *Eventualmente*, o sistema de pacotes instala automaticamente um serviço e inicia-o.

Tarefas

- Verificar a existência de um pacote
- Versão do software no pacote
- Ficheiros de configuração
- Fonte
- Ficheiros de configuração /etc
- Desinstalar
- Eliminação de ficheiros
- Remoção de dependências órfãs

4.3.2.2. APT

O APT simplifica a instalação, atualização e desinstalação de software, automatizando a obtenção de pacotes a partir de fontes APT (na Internet, na rede local, em CD-ROMs, etc.), a gestão de dependências e, por vezes, a compilação. Quando os pacotes são instalados, actualizados ou removidos, os programas de gestão de pacotes podem mostrar as dependências dos pacotes, perguntar ao administrador se os pacotes recomendados ou sugeridos pelos pacotes recentemente instalados também devem ser instalados e resolver as dependências automaticamente. Os programas de gestão de pacotes também podem atualizar todos os pacotes.

O APT é essencialmente uma biblioteca C++ de funções utilizadas por vários programas de gestão de pacotes. Um destes programas é o apt, provavelmente o mais conhecido e o oficialmente recomendado pelo projeto Debian. O aptitude também é popular e oferece funcionalidades alargadas em comparação com o apt-get. Atualmente, o apt é um comando que é suficiente por si só para a maioria das operações relativas a pacotes Debian/Ubuntu.

Fontes APT

As fontes a partir das quais o apt vai buscar pacotes são definidas em /etc/apt/sources.list

Por exemplo, numa máquina Debian 7 Wheezy :

cat /etc/apt/sources.list

deb https://http.debian.net/debian wheezy main

deb https://http.debian.net/debian wheezy-updates main

deb https://security.debian.org wheezy/updates main

A secção **principal** inclui todos os pacotes que estão de acordo com a DFSG - Debian Free Software Guidelines - e que não necessitam de programas fora deste âmbito para funcionar. Estes são os únicos pacotes considerados parte da distribuição Debian.

A secção **contrib** inclui todos os pacotes que estão de acordo com a DFSG, mas que têm dependências fora da main (que podem ser empacotadas para Debian na non-free).

A secção **não-livre** contém software que não está em conformidade com as DFSG.

Por exemplo, numa máquina Ubuntu 16.04 Xenial :

cat /etc/apt/sources.list

deb https://archive.ubuntu.com/ubuntu xenial main universe

deb https://archive.ubuntu.com/ubuntu xenial-updates main universe

deb https://archive.ubuntu.com/ubuntu xenial-security main universe

O Ubuntu mantém oficialmente os **principais** pacotes (de software livre). software)

e **restrito** (software não livre).

A comunidade Ubuntu fornece pacotes **universe** (livres) e **multiverse** (não-livres).

Vamos adquirir o hábito de atualizar a lista de pacotes com :

apt-get update

Pesquisa APT
Pesquisa de descrições de pacotes :
apt-cache search wget
Mas a pesquisa apt também funciona:
apt search wget
Ver informações sobre o pacote :
apt-cache show wget
Verificando as dependências de um pacote :
apt-cache showpkg wget
Atualização e instalação com APT
Atualizar todos os pacotes sem adicionar novos pacotes :
apt-get update && apt-get upgrade
ou :
apt update && apt upgrade
Atualizar todos os pacotes instalados para as versões mais recentes, instalando novos pacotes, se necessário:
apt dist-upgrade
Instalar ou atualizar um pacote :
apt install wget
Instalação sem diálogo :
apt -y install wget
Desinstalação de pacotes APT
Remover pacotes sem configurações :
apt remove wget
Remover pacotes sem dependências :
apt autoremove wget
Remover completamente uma embalagem :
apt purge wget
Os dois podem ser combinados:
apt autoremove --purge wget
Remover dependências desnecessárias :
apt autoremove
Eliminação de ficheiros em cache em var/cache/apt/archives :
limpeza do apartamento
Reinstalar um pacote :
apt --reinstall install postfix
Instalar uma versão "instável" :
apt install spamassassin/unstable
O apt full-upgrade é também o comando usado por aqueles que usam a versão Unstable da Debian numa base diária e seguem as suas evoluções de dia para dia. É tão simples que fala por si: é esta funcionalidade que tornou o APT famoso.

O aptitude é um programa interativo em modo semi-gráfico, que pode ser utilizado na consola navegar na lista de pacotes instalados e disponíveis, ver toda a informação e marcá-los para instalação ou remoção. Uma vez que desta vez é um programa que foi realmente concebido para ser utilizado por administradores, apresenta comportamentos predefinidos mais inteligentes do que o apt-get, bem como uma interface mais acessível.

gestor de pacotes aptitude

synaptic é um gestor de pacotes Debian em modo gráfico (utiliza GTK+/GNOME). Tem uma interface gráfica eficiente e limpa. Os seus muitos filtros prontos a usar permitem-lhe ver rapidamente que novos pacotes estão disponíveis, que pacotes estão instalados, que pacotes podem ser actualizados, que pacotes estão obsoletos, e assim por diante. À medida que navega pelas várias listas, pode indicar progressivamente as operações a realizar (instalar, atualizar, remover, purgar). Basta um simples clique para validar todas estas escolhas e todas as operações registadas são executadas de uma só vez.

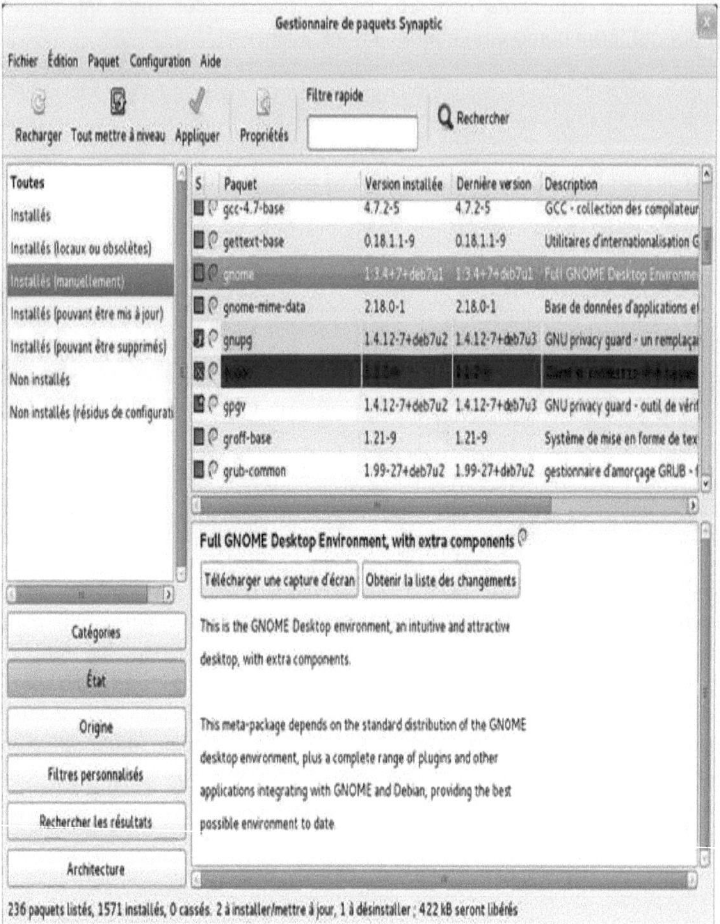

Gestor de pacotes Synaptic

Autenticação de pacotes Debian

Debian oferece uma forma de assegurar que um pacote instalado vem do seu mantenedor e não foi modificado por terceiros: existe um mecanismo de selagem de pacotes.

Esta assinatura não é direta: o ficheiro assinado é um ficheiro Release colocado nos mirrors Debian que lista os vários ficheiros Packages (incluindo as suas formas comprimidas Packages.gz e Packages.xz e versões incrementais), juntamente com os seus checksums MD5, SHA1 e SHA256 (para verificar que os seus conteúdos não foram alterados). Estes ficheiros Packages por sua vez contêm uma lista de pacotes Debian e os seus checksums, para assegurar que os seus conteúdos também não foram alterados.

As chaves de confiança são geridas utilizando o programa apt-key, fornecido pelo pacote apt. Este programa mantém um chaveiro de chaves públicas GnuPG, , que são usadas para verificar as assinaturas dos ficheiros Release.gpg obtidos a partir de mirrors Debian.

É possível utilizá-lo para adicionar manualmente chaves adicionais (se desejar adicionar outros mirrors para além dos oficiais); mas no caso mais comum, apenas precisa das chaves oficiais Debian, que são automaticamente mantidas actualizadas pelo pacote debian-archive-keyring (que instala os keyrings em '/etc/apt/trusted.gpg.d).

No entanto, a primeira instalação deste pacote também é questionável, porque mesmo que esteja assinado como os outros pacotes, esta assinatura não pode ser verificada externamente. Deve portanto verificar as impressões digitais das chaves importadas antes de confiar nelas para instalar novos pacotes com apt-key fingerprint.

Por exemplo,

```
apt-key fingerprint
/etc/apt/trusted.gpg.d/debian-archive-jessie-automatic.gpg
----------------------------------------------------------
pub   4096R/2B90D010 2014-11-21 [expire : 2022-11-19]
 Empreinte de la clef = 126C 0D24 BD8A 2942 CC7D  F8AC 7638 D044 2B90 D010
uid                  Debian Archive Automatic Signing Key (8/jessie)
<ftpmaster@debian.org>

/etc/apt/trusted.gpg.d/debian-archive-jessie-security-automatic.gpg
-------------------------------------------------------------------
pub   4096R/C857C906 2014-11-21 [expire : 2022-11-19]
 Empreinte de la clef = D211 6914 1CEC D440 F2EB  8DDA 9D6D 8F6B C857 C906
uid                  Debian Security Archive Automatic Signing Key (8/jessie)
<ftpmaster@debian.org>

/etc/apt/trusted.gpg.d/debian-archive-jessie-stable.gpg
-------------------------------------------------------
pub   4096R/518E17E1 2013-08-17 [expire : 2021-08-15]
 Empreinte de la clef = 75DD C3C4 A499 F1A1 8CB5  F3C8 CBF8 D6FD 518E 17E1
uid                  Jessie Stable Release Key <debian-release@lists.debian.org>

/etc/apt/trusted.gpg.d/debian-archive-squeeze-automatic.gpg
-----------------------------------------------------------
pub   4096R/473041FA 2010-08-27 [expire : 2018-03-05]
 Empreinte de la clef = 9FED 2BCB DCD2 9CDF 7626  78CB AED4 B06F 4730 41FA
uid                  Debian Archive Automatic Signing Key (6.0/squeeze)
<ftpmaster@debian.org>
```

```
/etc/apt/trusted.gpg.d/debian-archive-squeeze-stable.gpg
--------------------------------------------------------
pub   4096R/B98321F9 2010-08-07 [expire : 2017-08-05]
 Empreinte de la clef = 0E4E DE2C 7F3E 1FC0 D033  800E 6448 1591 B983 21F9
uid                  Squeeze Stable Release Key <debian-release@lists.debian.org>

/etc/apt/trusted.gpg.d/debian-archive-wheezy-automatic.gpg
----------------------------------------------------------
pub   4096R/46925553 2012-04-27 [expire : 2020-04-25]
 Empreinte de la clef = A1BD 8E9D 78F7 FE5C 3E65  D8AF 8B48 AD62 4692 5553
uid                  Debian Archive Automatic Signing Key (7.0/wheezy)
<ftpmaster@debian.org>

/etc/apt/trusted.gpg.d/debian-archive-wheezy-stable.gpg
-------------------------------------------------------
pub   4096R/65FFB764 2012-05-08 [expire : 2019-05-07]
 Empreinte de la clef = ED6D 6527 1AAC F0FF 15D1  2303 6FB2 A1C2 65FF B764
uid                  Wheezy Stable Release Key <debian-release@lists.debian.org>
```

Impedir que um serviço seja iniciado após uma instalação

Criar um script de saída /usr/sbin/policy-rc.d irá impedir que o serviço seja iniciado após a instalação.

```
cat > /usr/sbin/policy-rc.d << EOF
#!/bin/sh
echo "All runlevel operations denied by policy" >&2
exit 101
EOF
chmod +x /usr/sbin/policy-rc.d
```

existência deste script dará esta mensagem após uma instalação:

```
All runlevel operations denied by policy
invoke-rc.d: policy-rc.d denied execution of start.
```

1.1.1.3. YUM / DNF

"Yum", para "Yellowdog Updater Modified", é um gestor de pacotes para distribuições Linux como a Fedora e a Red Hat Enterprise Linux, criado pela Yellow Dog Linux.

O "Dandified Yum" ou "DNF" é o sucessor do YUM, que sido usado de forma quase idêntica desde o Red Hat Enterprise Linux 8 e o Fedora 22.

YUM e DNF são usados gerenciar a instalação e atualização de software instalado em uma distribuição do tipo Red Hat. Eles são sobreposições de RPM que gerenciam downloads e dependências, da mesma forma que o APT do Debian.

Comandos básicos do YUM

Ao contrário do APT, o YUM actualiza a sua lista de pacotes automaticamente.

Procurar um pacote :

```
yum search wget
```

Listar informações sobre um pacote :

```
yum list wget
yum info wget
```

Instalar um pacote :

```
yum install wget
```

Instalar um pacote sem diálogo:

```
yum -y install wget
```

Desinstalação de um pacote

```
yum remove wget
```

Atualização do YUM

Atualização de um ficheiro :

```
yum update wget
```

Verificar se existem actualizações disponíveis :

```
yum check-update
```

Actualizações de segurança e binárias :

```
yum update
```

Pacotes de grupo YUM

Os grupos de pacotes são colecções de pacotes:

```
yum groups list
yum groups info group
yum groups install group
yum groups update group
yum groups remove group
```

Repositórios de pacotes YUM

Lista de repositórios de pacotes :

```
yum repolist
yum repolist all
```

Instalar um repositório EPEL (Extra Packages for Enterprise Linux) adicional :

```
yum install epel-release
```

Instalar um repositório adicional

A configuração do repositório está localizada na pasta /etc/yum.repos.d/:

```
ls /etc/yum.repos.d/
CentOS-Base.repo  CentOS-Debuginfo.repo  CentOS-Media.repo    CentOS-Vault.repo
CentOS-CR.repo    CentOS-fasttrack.repo  CentOS-Sources.repo
```

Por exemplo, o primeiro repositório configurado no ficheiro CentOS-Base.repo :

```
[base]
name=CentOS-$releasever - Base
mirrorlist=https://mirrorlist.centos.org/?release=$releasever&arch=$basearch&repo=os&infra=$infra
#baseurl=https://mirror.centos.org/centos/$releasever/os/$basearch/
gpgcheck=1
gpgkey=file:///etc/pki/rpm-gpg/RPM-GPG-KEY-CentOS-7
```

Existe uma declaração de secção [base] no cabeçalho e quatro variáveis essenciais

- nome que indica o nome do repositório.
- mirrorlist ou baseurl, que indicam a localização do repositório
- gpgckeck que solicita uma verificação de integridade e gpgkey que define o ficheiro de verificação. Não é necessário que gpckeck=0 seja configurado.
- Por último, o enabled=1 permitiria ter em conta o repositório.

O utilitário yum-config-manager facilita a adição de um repositório:

```
yum-config-manager --add-repo=https://ftp.belnet.be/ftp.centos.org/7/os/x86_64/
Modules complémentaires chargés : fastestmirror, langpacks
adding repo from: https://ftp.belnet.be/ftp.centos.org/7/os/x86_64/

[ftp.belnet.be_ftp.centos.org_7_os_x86_64_]
name=added from: https://ftp.belnet.be/ftp.centos.org/7/os/x86_64/
baseurl=https://ftp.belnet.be/ftp.centos.org/7/os/x86_64/
enabled=1
```

Adicionar gpgcheck=0 :

```
echo "gpgcheck=0" >>
/etc/yum.repos.d/ftp.belnet.be_ftp.centos.org_7_os_x86_64_.repo
cat /etc/yum.repos.d/ftp.belnet.be_ftp.centos.org_7_os_x86_64_.repo
[ftp.belnet.be_ftp.centos.org_7_os_x86_64_]
name=added from: https://ftp.belnet.be/ftp.centos.org/7/os/x86_64/
baseurl=https://ftp.belnet.be/ftp.centos.org/7/os/x86_64/
enabled=1

gpgcheck=0
```

Atualizar a lista de pacotes :

```
yum clean all
yum repolist
```

Gestão de pacotes YUM

Listar os pacotes instalados :

```
yum list installed | less
```

Limpar a cache /var/cache/yum/:

```
yum clean all
```

Histórico das transacções yum:

```
yum history
```

1.1.1.4. Outro software de gestão de pacotes

- Pacman: Arch Linux.
- Emergente: Gentoo
- Opkg : Openwrt

4.3.3. Manutenção e actualizações

4.3.3.1. Mantendo atualizações para um sistema Debian

apticron, no pacote com o mesmo nome. Este é simplesmente um script, chamado diariamente pelo cron, que actualiza a lista de pacotes disponíveis e envia um e-mail um determinado endereço listando os pacotes que não estão instalados na sua última versão, juntamente uma descrição das alterações que . Este script destina-se principalmente a utilizadores da Debian Stable, como seria de esperar.

Podemos portanto tirar partido do script /etc/cron.daily/apt, instalado pelo pacote apt. Este script também é executado diariamente pelo cron, por isso não existe uma interface interactiva. Para controlar o seu funcionamento, vamos utilizar variáveis de configuração do APT (que serão armazenadas num ficheiro em /etc/apt/apt.conf.d/). As mais importantes são :

- APT :: Periodic::Atualizar-Listas de Pacotes
- APT :: Periodic ::Descarregar pacotes actualizáveis
- APT :: Periodic::AutocleanInterval
- APT :: Periódico ::Atualização não assistida

```
APT::Periodic::Update-Package-Lists
```

Esta opção permite-lhe especificar uma frequência (em dias) para a atualização das listas de pacotes. Se estiver a utilizar o apticron, pode sem ela, pois estaria a duplicar esforços.

```
APT::Periodic::Download-Upgradeable-Packages
```

Esta opção também especifica uma frequência em dias para o download de pacotes atualizados. Mais uma vez, os utilizadores do apticron podem passar sem ela.

```
APT::Periodic::AutocleanInterval
```

Esta opção cobre uma função que o apticron não tem: especifica a frequência com que a cache do APT pode ser automaticamente limpa de pacotes obsoletos (aqueles que já não estão disponíveis nos mirrors ou referenciados por qualquer distribuição). Isto significa que não tem se preocupar com o tamanho da cache do APT, que será automaticamente regulada.

```
APT::Periodic::Unattended-Upgrade
```

Quando esta opção está activada, o script diário irá correr unattended-upgrade (no pacote unattended-upgrades) que, como o seu nome sugere, automatiza o processo de atualização para certos pacotes; por omissão, apenas lida com actualizações de segurança, mas isto é configurável no ficheiro /etc/apt/apt.conf.d/50unattended-upgrades). Note que esta opção pode ser activada com o debconf, utilizando o comando dpkg-reconfigure -plow unattended-upgrades.

4.3.3.2. Atualizar uma distribuição Debian a partir de uma versão mais antiga Atualizar de Debian 7 (wheezy) para Debian 8 (jessie)

Recomendações :

- Eliminar pacotes desnecessários
- Atualização do sistema atual
- Cópia de segurança dos dados

Atualizar a distribuição Debian Wheezy :

```
apt-get update
apt-get upgrade
apt-get dist-upgrade
```

Atualizar as fontes de instalação :

```
sed -i 's/wheezy/jessie/g' /etc/apt/sources.list
```

Atualização de pacotes :

```
apt-get update
apt-get -y upgrade
```

Atualizar a distribuição :

```
apt-get -y dist-upgrade
```

Reiniciar:

```
reboot
```

Verificar a versão:

```
hostnamectl
  Static hostname: wheezy1
       Icon name: computer-vm
         Chassis: vm
      Machine ID: cab21b38a8058c4d3f6641f1587fa5b7
         Boot ID: cde0bd1e7ada4c44acd12bae10adff75
  Virtualization: kvm
Operating System: Debian GNU/Linux 8 (jessie)
          Kernel: Linux 3.16.0-4-amd64
    Architecture: x86-64
```

Atualização :

```
apt-get update
apt-get -y upgrade
```

```
apt-get -y autoremove
apt-get -y dist-upgrade
```

Atualizando do Debian 8 (jessie) para o Debian 9 (stretch)

O procedimento é idêntico de Debian 8 Jessie para Debian 9 Stretch.

```
cp /etc/apt/sources.list /etc/apt/sources.list_backup
sed -i 's/jessie/stretch/g' /etc/apt/sources.list
apt-get update
apt-get -y upgrade
apt-get -y dist-upgrade
reboot
apt-get update
apt-get -y upgrade
apt-get -y autoremove
apt-get -y dist-upgrade
hostnamectl
  Static hostname: wheezy1
       Icon name: computer-vm
         Chassis: vm
      Machine ID: cab21b38a8058c4d3f6641f1587fa5b7
         Boot ID: efd16e22f98a42d0a7d3cf44dba21fc9
  Virtualization: kvm
Operating System: Debian GNU/Linux 9 (stretch)
          Kernel: Linux 4.8.0-2-amd64
    Architecture: x86-64
```

Actualizações da versão do Ubuntu

Fonte : https://doc.ubuntu-fr.org/migration

Altamente desaconselhável, o procedimento sugere que se passe de revisão em revisão. Recomenda-se uma cópia de segurança do sistema.

A ferramenta de linha de comandos do-release-upgrade permite-lhe atualizar o Ubuntu sem utilizar um utilitário gráfico. É particularmente relevante para servidores, que operam sem uma interface gráfica. Todas as opções desta ferramenta podem ser lidas executando o comando :

```
do-release-upgrade –help
```

Eis algumas das opções mais úteis:

```
do-release-upgrade –check-dist-upgrade-only
```

A opção -check-dist-upgrade-only verifica existência uma nova versão. Se for encontrada uma nova versão, o resultado é apresentado no terminal. Executado desta forma, este comando apenas efectua uma verificação; é efectuada atualização.

```
do-release-upgrade --sandbox
```

A opção -sandbox pode ser utilizada para testar uma atualização num ambiente protegido. Isto é particularmente útil para testar a implementação de uma atualização antes de a aplicar no ambiente de produção.

```
do-release-upgrade
```

Sem uma opção, a ferramenta do-release-upgrade procura e actualiza para próxima versão LTS ou estável disponível, caso exista.

4.3.4. Comparação de gestores de pacotes por distribuição

Do ponto de vista do administrador do sistema, as distribuições Linux *podem* ser distinguidas por :

1. o gestor de pacotes e o sistema
2. guiões de inicialização e níveis de execução
3. o carregador de arranque
4. a localização dos ficheiros de configuração de rede e dos repositórios

O foco aqui está nas diferenças "genéticas" gestão de pacotes.

4.3.4.1. Debian/Ubuntu v. Fedora/RHEL/SL/Centos

Ação	Debian/Ubuntu	Fedora/RHEL/SL/Centos
1. Atualizar a lista de pacotes	apt-get update	yum update, yum check-update
2. Visualização das actualizações disponíveis	apt-get upgrade -simulate	actualizações da lista yum
3. Instalação de pacotes específicos	apt-get install packagel package2	yum install packagel package2
4. Reinstalação de um pacote	apt-get install --reinstall package	yum reinstalar pacote
5. Atualizar um pacote	apt-get upgrade packagel pacote2	pacote de atualização yum
6. Atualização do sistema	apt-get upgrade, apt-get dist-upgrade, apt upgrade, apt full-upgrade	atualização yum
Ação	**Debian/Ubuntu**	**Fedora/RHEL/SL/Centos**
7. Pesquisa de pacotes	apt-cache search searchword, apt-cache search --full --names-only searchword	yum search palavra-chave
8. Lista de pacotes instalados	dpkg -1, apt list --installed	rpm -qa
9. Informações sobre a embalagem	apt-cache mostrar pacote, apt mostrar pacote, dpkg -s pacote	yum info package, yum list package, yum deplist package
10. Desinstalação de pacotes	apt-get remove --purge packagel package2, apt-get autoremove	yum remove packagel package2
11. Descarregar pacotes sem instalação	apt-get install --download-only packagel package2	yum install --downloadonly --downloaddir=<diretory> <package>
12. Limpar os pacotes	apt-get clean, apt-get clean (pacotes desactualizados)	yum clean all

descarregados		
13. Configuração do repositório	/etc/apt/sources.list	/etc/yum.repos.d/

4.3.4.2. Alpine Linux v. Arch Linux v. Gentoo

Ação	Alpine Linux	Arch Linux	Gentoo
1. Atualizar a lista de pacotes	atualização da apk	pacman -Sy	emerge -sync
2. Visualização das actualizações disponíveis	apk version -v ou apk version -V -1 '<'	pacman -Qu	emerge -Dupv world ou emerge --deep - -update --pretend world
3. Instalação de pacotes específicos	apk add packagel package2	pacman -S packagel pacote2	emerge packagel pacote2
4. Reinstalação de um pacote	apk del packagel && apk add packagel	pacman -Sf packagel pacote2	emerge --oneshot packagel
5. Atualizar um pacote	apk add -u packagel pacote2	pacman -S packagel pacote2	emerge --update packagel package2

Ação	Alpine Linux	Arch Linux	Gentoo	
6. Atualização do sistema	-	pacman -Syu	-	
7. Pesquisa de pacotes	apk search searchword	pacman -Ss palavra de pesquisa, pacma n -Si nome do pacote	emerge --searchdesc searchword, eix searchword, esearch searchword	yum search searchwo r d
8. Lista de pacotes instalados	Informação apk	pacman - Qs, pacman - Q, pacman -Q	emerge gentoolkit && equery list	
9. Informações sobre a embalagem	apk info -a pacote	pacote pacman -Si	-	
10. Desinstalação de pacotes	apk del packagel package2	pacman -R packagel pacote2	emerge --depclean packagel pacote2	
11. Descarregar	apk fetch packagel package2	pacman -Sw packagel pacote2	emerge --fetchonly packagel pacote2	

Ação	Alpine Linux	Arch Linux	Gentoo	
t pacotes sem instalação				
12. Eliminar	*Automático*	*Automático*	rm -rf /usr/portage/distfiles/*	

pacotes descarregados				
13. Configuração do repositório	/etc/apk/repositórios	/etc/opkg.conf	etc/portage/repos.conf/gentoo.conf, ə t muito mais	

4.3.4.3. OpenWRT

Ação	OpenWRT
1. Atualizar a lista de pacotes	atualização do opkg
2. Visualização das actualizações disponíveis	opkg list-upgradable
3. Instalação de pacotes específicos	opkg install <pkgs ou FQDN>
Ação	**OpenWRT**
4. Reinstalar um pacote	opkg install --force-reinstall <pkgs>
5. Atualizar um pacote	opkg upgrade <pkgs> (não recomendado)
6. Atualização do sistema	atualização do opkg
7. Pesquisa de pacotes	opkg list [pkg ou globp],opkg search <file ou globp>
8. Lista de pacotes instalados	lista opkg-instalada
9. Informações sobre a embalagem	opkg info [pkg ou globp],opkg status [pkg ou globp]
10. Desinstalação de pacotes	opkg remove <pkgs ou globp>
11. Descarregar pacotes sem instalação	opkg --download-only download <pkg>
12. Eliminar pacotes descarregados	opção - -force-removal-of-dependent-packages
13. Configuração do repositório	/etc/opkg.conf

4.3.5. Atualizar o kernel

4.3.5.1. Procedimento RHEL

```
yum update kernel
```

ou se o ficheiro rpm estiver disponível

```
rpm -ivh kernel.rpm
```

O último kernel instalado torna-se o kernel predefinido:

```
grub2-editenv list
saved_entry=CentOS Linux (3.10.0-327.13.1.el7.x86_64) 7 (Core)
grep ^menuentry /boot/grub2/grub.cfg
menuentry 'CentOS Linux (3.10.0-327.13.1.el7.x86_64) 7 (Core)' --class centos --class gnu-linux --class gnu --class os --unrestricted $menuentry_id_option 'gnulinux-3.10.0-327.el7.x86_64-advanced-5cc65046-7a0e-450b-99e8-f0cc34954d75' {
menuentry 'CentOS Linux (3.10.0-327.el7.x86_64) 7 (Core)' --class centos --class gnu-linux --class gnu --class os --unrestricted $menuentry_id_option 'gnulinux-3.10.0-327.el7.x86_64-advanced-5cc65046-7a0e-450b-99e8-f0cc34954d75' {
menuentry 'CentOS Linux (0-rescue-d939e80ee5d6473297b10a3839c85928) 7 (Core)' --class centos --class gnu-linux --class gnu --class os --unrestricted $menuentry_id_option 'gnulinux-0-rescue-d939e80ee5d6473297b10a3839c85928-advanced-5cc65046-7a0e-450b-99e8-f0cc34954d75' {
```

Modificar o kernel predefinido :

```
grub2-set-default 0
```

Gerar configuração :

```
grub2-mkconfig -o /boot/grub2/grub.cfg
Generating grub configuration file ...
Found linux image: /boot/vmlinuz-3.10.0-327.13.1.el7.x86_64
Found initrd image: /boot/initramfs-3.10.0-327.13.1.el7.x86_64.img
Found linux image: /boot/vmlinuz-3.10.0-327.el7.x86_64
Found initrd image: /boot/initramfs-3.10.0-327.el7.x86_64.img
Found linux image: /boot/vmlinuz-0-rescue-d939e80ee5d6473297b10a3839c85928
Found initrd image: /boot/initramfs-0-rescue-d939e80ee5d6473297b10a3839c85928.img
done
```

4.3.5.2. Procedimento Ubuntu

Eis como instalar **o Ubuntu** no seu computador:

1. **Pré-requisitos** :
   - Verifique se o seu computador cumpre os requisitos mínimos:

■ **Versão Office** :

■ Processador de 2 GHz

■ 4 GB DE RAM

■ 8 GB de espaço no disco rígido (recomenda-se 25 GB)

■ Placa gráfica com resolução de 1024x768

■ **Versão do servidor** :

■ Processador de 1 GHz

■ 1 GB DE RAM

■ 2,5 GB de espaço no disco rígido

o Certifique-se de que o seu computador pode aceder à BIOS ou arrancar a partir de um dispositivo externo (exceto em casos específicos, como o Raspberry Pi).

o Descarregue **o Ubuntu** a partir da página de descarregamento.

2. **Criar uma chave USB de instalação** :

o Utilize uma chave USB de, pelo menos, 6 GB.

o Pode utilizar ferramentas como o **Unetbootin** para criar uma chave USB de arranque.

3. **Instalar o Ubuntu** :

o Insira a chave USB no seu computador.

o Reinicie o computador e selecione a chave USB como dispositivo de arranque.

o Siga as instruções no ecrã para instalar o Ubuntu.

Instalar o Ubuntu

Pré-requisitos

Escolha da arquitetura

O Ubuntu está disponível para uma vasta gama de arquitecturas (determinada pelo hardware): oficialmente, são suportados computadores baseados em processadores x64 (64 bits), mas não oficialmente, o Ubuntu também suporta PowerPC, HPPA, ia64 e SPARC.

A maioria dos novos computadores comerciais é compatível com a versão **de 64 bits**.

Requisitos de sistema consoante a variante.

1. **Versão para escritório:**

Detalhes em inglês: https://help.ubuntu.com/community/Installation/SystemRequirements

o Processador de 2 GHz

o 4 GB DE RAM

o 8 GB de espaço no disco rígido (recomenda-se 25 GB)

o Uma placa gráfica resolução de 1024x768

2. **Versão do servidor:** 2)

Detalhes em inglês: https://ubuntu.com/server/docs/installation

o Processador de 1 GHz

o 1 GB DE RAM

o 2,5 GB de espaço no disco rígido.

O computador deve também permitir o acesso à BIOS ou, pelo menos, o arranque a partir de suportes externos (exceto em casos específicos que utilizem versões particulares do Ubuntu, como no caso do Raspberry Pi).

Escolha de apoio

O Ubuntu e as suas variantes estão disponíveis na página *Download* (ver também a secção *Instalação* desta página).

É geralmente recomendado que o instale a partir de uma chave USB. Pode *fazer flash de* qualquer pen drive com pelo menos 6 GB (algumas variantes cabem em pen drives mais pequenos - o tamanho das imagens é apresentado ao passar o rato sobre os botões *de Download*).

- Live-USB: **Utilize e instale o Ubuntu a partir de uma pen USB**.
- Instalação a partir do CD ver **Instalação padrão com o CD do Ubuntu**
- Outros meios de comunicação: ver Casos especiais

Se estiver a utilizar o Windows

Para preparar a sua migração do Windows para o Ubuntu: para conhecer todas as diferenças, e como resolver certos problemas de incompatibilidade entre estes dois mundos, consulte esta documentação sobre o Windows.

Atualização para uma versão posterior

A atualização para uma versão superior Ubuntu não requer uma reinstalação completa do seu sistema. O Ubuntu pode ser atualizado diretamente a partir da Internet ou do suporte de instalação do Ubuntu, utilizando o utilitário de atualização.

- Atualização sem à Internet: se pretender atualizar a sua versão *através de* um disco amovível preparado.
- Para atualizar a sua versão a partir da Internet, de uma pen USB ou de um CD/DVD, consulte a página Migrar para uma versão posterior.

Alterar as variantes do Ubuntu sem reinstalar

É possível mudar as variantes do Ubuntu sem reinstalar o sistema. Utilizando este método, pode também instalar (por assim dizer) duas variantes do Ubuntu ao mesmo tempo (pode escolher o ambiente na sua janela de ligação):

- Mudar para o Kubuntu
- Mudar para o Xubuntu
- Mudar para o Lubuntu
- Mudar para o Ubuntu (Unity)

Reinstalar o Ubuntu sem perder os seus dados

Se estiver a reinstalar o Ubuntu completamente, eis como manter a sua /home (a pasta que contém os seus ficheiros pessoais e a configuração e interface do software): consulte o tutorial Reinstalar o Ubuntu.

Repetir uma instalação

Pode criar um CD personalizado e utilizá-lo para várias instalações.

Multi-boot: Ubuntu e Windows, SO (ou outro) no mesmo computador

- Instalar o Ubuntu juntamente com o Windows, SO (ou outros) (dual-boot).

Casos especiais

Através da imagem ISO sem utilizar uma unidade de CD :

- Live-USB: **Instale o Ubuntu em (ou através de) uma pen USB** com ou sem persistência de dados.

o Instalar o Ubuntu com o Unetbootin. Instale o Ubuntu diretamente a partir de uma imagem ISO armazenada num disco rígido ou numa chave USB (se tiver acesso à Internet e não tiver uma unidade de CD, por exemplo).

o Instalar o Ubuntu sem um CD: instale o Ubuntu a partir de uma imagem ISO num disco rígido ou numa pen USB (ou a partir de repositórios da Internet), sem gravar um CD.

- Através da rede :

o Instalação a partir de outro computador (computador de rede). O computador deve ser capaz de arrancar através da rede (por exemplo, PXE), e *outro computador* deve atuar como servidor de imagem na rede. Este método é bastante complexo de configurar na primeira vez, mas muito mais simples para instalações subsequentes, se houver *vários computadores para instalar* e para *personalizar instalações.*

o Instalação quando não é possível arrancar a partir do CD-ROM e o computador arranca a partir da rede (por exemplo, PXE)

o Instalar o Ubuntu através da Internet: um ISO de ~13MB que descarrega e instala o Ubuntu através da Internet

- Instalação num suporte secundário :

o Num disco rígido USB: instalação clássica, mas num disco USB;

o Ver também Live-USB para utilizar uma pen USB com arranque persistente, para que possa ser utilizada a partir de qualquer PC;

- Métodos de instalação alternativos :

o Instalação quando não pode arrancar a partir do CD-ROM mas tem uma unidade de disquete;

- Outros métodos para computadores menos potentes :

o Instale o essencial para obter um ambiente de trabalho limpo, sem todo o software desnecessário instalado por defeito;

Se o seu ecrã estiver partido

Se o ecrã do seu computador portátil estiver avariado, basta ligar outro ecrã utilizando um cabo VGA ou HDMI e iniciar a instalação da forma habitual.

4.4. Segurança e gestão de cópias de segurança

O Linux é um sistema operativo de código aberto baseado no kernel do sistema operativo Unix. É amplamente utilizado em servidores Web, supercomputadores, smartphones e computadores de secretária. O Linux é conhecido por ser estável, eficiente e seguro.

O Linux é também muito popular como sistema operativo de desenvolvimento, uma vez que oferece acesso total ao código fonte e grande flexibilidade de personalização. Muitos programadores também apreciam a comunidade ativa de programadores e utilizadores de Linux, que fornecem ajuda e conselhos online.

Porque é que o Linux é considerado seguro?

Existem várias razões pelas quais o Linux é considerado seguro:

- . **Gerir utilizadores e grupos** : O Linux permite-lhe criar vários utilizadores e grupos com diferentes níveis de direitos de acesso. Isto torna possível restringir o acesso a ficheiros e comandos sensíveis a utilizadores não autorizados.
- . **Gerir os direitos de acesso e as permissões** : O Linux permite-lhe definir direitos de acesso e permissões muito granulares para ficheiros e diretórios. Isto impede que utilizadores não autorizados acedam ou modifiquem ficheiros sensíveis.

- . **Atualização automática do software e dos patches de segurança**: O Linux oferece uma atualização automática do software e dos patches de segurança, protegendo o sistema contra vulnerabilidades conhecidas.
- . **Comunidade ativa de programadores e utilizadores**: O Linux tem uma comunidade ativa de programadores e utilizadores que trabalham em conjunto para identificar e corrigir vulnerabilidades do sistema. Isto ajuda a manter o sistema seguro.
- . **Baixa taxa de vírus**: devido à sua popularidade limitada como sistema operativo de desktop, o Linux tem uma baixa taxa de vírus em comparação com outros sistemas operativos (Windows e Mac OS). Isto significa que é menos provável que seja contaminado por vírus ou software malicioso.

Qual é a distribuição Linux mais segura?

É difícil determinar qual a distribuição Linux mais segura, uma vez que a segurança depende de muitos factores, como a configuração do sistema, o software instalado e as práticas de segurança em vigor.

No entanto, algumas distribuições Linux são consideradas mais seguras do que outras, porque foi dada especial atenção à segurança na sua conceção e manutenção.

A utilização de uma distribuição comercial, ou seja, uma distribuição que tem de ser paga, fornece frequentemente garantias de segurança adicionais para os servidores. No entanto, algumas distribuições comunitárias, ou seja, distribuições gratuitas, são conhecidas pela sua fiabilidade e segurança.

Aqui estão as distribuições Linux gratuitas que são consideradas como oferecendo um alto nível de segurança para servidores:

- **Debian**: esta distribuição Linux é muito popular entre os programadores. É uma das distribuições mais estáveis e seguras.
- **Fedora**: distribuição comunitária do Red Hat Enterprise Linux. Incorpora ferramentas adicionais para melhorar a segurança.
- **OpenSUSE**: distribuição comunitária SUSE, é fácil de utilizar, fiável e segura.

Para computadores de secretária, eis as distribuições que oferecem segurança reforçada: Kodachi, Qubes, Whonix, Tails, Discret, IprediaOS e Dizaines (Tens).

É importante notar que a segurança de qualquer distribuição Linux depende de como ela é configurada e usada. Mesmo as distribuições mais seguras podem ser comprometidas se forem mal configuradas ou se as boas práticas de segurança não forem seguidas.

Existem distribuições concebidas para testar a vulnerabilidade de servidores, redes e sistemas informáticos. As principais são : Kali, Parrot e BlackArch. Estas distribuições estão equipadas ferramentas que permitem efetuar ataques para testar a segurança dos seus próprios sistemas.

Como proteger um servidor Linux

Gerir utilizadores e grupos

[12]A gestão de utilizadores e grupos é uma medida de segurança importante para proteger um servidor Linux. Permite-lhe controlar quem tem acesso a que

[12] Richard Stevens, "Advanced Programming in the UNIX Environment" - Addison-Wesley Professional, 2013.

funções e ficheiros no servidor.

Para gerir utilizadores e grupos num servidor Linux, pode utilizar os seguintes comandos :

- useradd: utilizado para criar um novo utilizador.
- passwd: utilizado para definir ou alterar a palavra-passe de um utilizador.
- usermod: utilizado para modificar os detalhes de um utilizador, por exemplo, o seu nome ou grupo principal.
- groupadd: utilizado para criar um novo grupo.
- userdel: elimina um utilizador.
- groupdel: utilizado para eliminar um grupo.

É aconselhável criar utilizadores e grupos com nomes explícitos e dar-lhes direitos de acesso limitados aos ficheiros e comandos de que necessitam para realizar o seu trabalho. Desta forma, minimiza-se o risco de fugas ou modificações não autorizadas de dados sensíveis.

Também é aconselhável alterar regularmente as palavras-passe dos utilizadores e torná-las fortes e únicas para evitar ataques de força bruta.

Gerir os direitos de acesso e as permissões

Gerir os direitos de acesso e as permissões é outra medida de segurança importante para proteger um servidor Linux. Permite-lhe controlar quem tem acesso a que ficheiros e diretórios no servidor, bem como as acções que podem executar nesses ficheiros (ler, escrever, executar).

Para gerir os direitos de acesso e as permissões num servidor Linux, pode utilizar os seguintes comandos :

- chmod: altera as permissões de um ficheiro ou diretório.
- chown: utilizado para alterar o proprietário de um ficheiro ou diretório.
- umask: define as permissões predefinidas para ficheiros e diretórios recentemente criados.

É aconselhável definir permissões restritivas em ficheiros e diretórios sensíveis, de modo a limitar o acesso a utilizadores não autorizados. Por exemplo, é possível proibir que determinados ficheiros sejam escritos ou executados por utilizadores que não necessitem dessas funções.

Também é aconselhável definir adequadamente o proprietário e o grupo principal de um ficheiro ou diretório, de modo a controlar quem tem acesso a esses recursos.

Pode restringir o acesso a determinados comandos e funções sensíveis no seu servidor Linux utilizando a gestão de utilizadores e grupos e a gestão de direitos de acesso e permissões.

Para tal, é necessário utilizar o comando sudo para dar a determinados utilizadores acesso a determinados comandos e funções sensíveis, restringindo simultaneamente o acesso a outros utilizadores. Para utilizar o sudo, é necessário primeiro adicionar o utilizador à lista de utilizadores autorizados no ficheiro /etc/sudoers.

Actualizações automáticas de software e de patches de segurança

A atualização automática de software e patches de segurança é uma caraterística importante do Linux, ajudando a proteger o sistema contra vulnerabilidades conhecidas.

Para atualizar automaticamente o software e os patches de segurança num servidor Linux, pode utilizar os seguintes comandos:

- apt-get update: actualiza a lista de pacotes disponíveis nos repositórios.
- apt-get upgrade: actualiza todos os pacotes instalados para versões mais recentes.
- apt-get dist-upgrade: actualiza todos os pacotes instalados, incluindo actualizações de distribuição (por exemplo, atualizar para uma nova versão do Ubuntu).

Recomenda-se que actualize regularmente o software e os patches de segurança no seu servidor Linux, de modo a proteger o sistema contra vulnerabilidades conhecidas. Isso pode ser feito automaticamente usando uma ferramenta de gerenciamento de pacotes, como o apt-get, ou baixando e instalando manualmente as atualizações disponíveis.

Também é aconselhável criar um sistema de notificação para que seja informado quando estiverem disponíveis novas actualizações. Desta forma, pode reagir rapidamente e atualizar o sistema antes que este seja comprometido.

Utilizar uma firewall

Uma firewall é um software ou hardware que controla o acesso ao seu servidor, permitindo ou bloqueando as ligações de entrada e de saída. Pode utilizar uma firewall como o iptables ou o ufw para proteger o seu servidor contra ataques externos.

Para instalar uma firewall num servidor Linux, pode utilizar a ferramenta iptables, que está incluída na maioria das distribuições Linux. Aqui estão os passos a seguir:

Verifique se o iptables está instalado no seu servidor:

```
apt-get install iptables
```

Criar uma regra de firewall para bloquear todas as ligações de entrada não autorizadas:

```
iptables -A INPUT -j DROP
```

Permitir ligações de entrada nas portas necessárias, como 80 (HTTP) e 22 (SSH) :

```
iptables -A INPUT -p tcp --dport 80 -j ACCEPT
iptables -A INPUT -p tcp --dport 22 -j ACCEPT
```

Guardar as regras da firewall :

```
iptables-save > /etc/iptables/rules.v4
```

Carregar regras de firewall no arranque :

```
echo "iptables-restore < /etc/iptables/rules.v4" >> /etc/rc.local
```

Também pode utilizar a ferramenta ufw (Uncomplicated Firewall) para configurar e gerir facilmente uma firewall no seu servidor Linux.

Um princípio fundamental de segurança é abrir apenas as portas de que necessita.

Instalar um antivírus

Embora os vírus sejam menos comuns no Linux do que em outros sistemas operacionais, ainda é aconselhável instalar um antivírus para proteger seu servidor contra software malicioso. Pode utilizar software antivírus como o ClamAV ou o Sophos no seu servidor Linux.

Para instalar um antivírus num servidor Linux, pode utilizar a ferramenta ClamAV, que é um antivírus popular de código aberto. Aqui estão os passos a seguir:
Verifique se o ClamAV está instalado no seu servidor:

```
apt-get install clamav
```

Atualizar a base de dados de vírus:

```
lama fresca
```

Analise o seu sistema em vírus:

```
clamscan -r /
```

Este comando irá verificar recursivamente todos os ficheiros do seu sistema em vírus. Se forem detectados vírus, estes serão apresentados na saída do comando.
Também pode utilizar o Sophos para proteger o seu servidor Linux contra vírus e malware. O Sophos é uma solução antivírus paga que oferece proteção avançada contra ameaças online.

Encriptação de discos e ficheiros

A encriptação de discos e ficheiros protege os dados sensíveis no seu servidor, tornando-os ilegíveis para utilizadores não autorizados. Pode utilizar ferramentas como o LUKS ou o dm-crypt para encriptar os discos do seu servidor e ferramentas como o GnuPG ou o OpenSSL para encriptar ficheiros.

Para encriptar os discos de um servidor Linux, pode utilizar a ferramenta LUKS (Linux Unified Key Setup). Eis os passos a seguir:

Instale o LUKS no seu servidor:

```
apt-get install cryptsetup
```

Criar um volume encriptado no disco a ser encriptado:

```
cryptsetup -y -v luksFormat /dev/sda1
```

Abrir o volume encriptado:

```
cryptsetup luksOpen /dev/sda1 sda1_crypt
```

Formatar o volume encriptado:

```
mkfs.ext4 /dev/mapper/sda1_crypt
```

Criar um diretório para montar o volume encriptado:

```
mkdir /mnt/encriptado
```

Montar o volume encriptado:

```
mount /dev/mapper/sda1_crypt /mnt/encrypted
```

Para desencriptar o disco, utilize o comando "umount" para desmontar o volume e, em seguida, utilize o comando "cryptsetup luksClose sda1_crypt" para fechar o volume encriptado.

Para encriptar ficheiros individuais no seu servidor Linux, pode utilizar a ferramenta GnuPG (GNU Privacy Guard). Aqui estão os passos a seguir:

Instale o GnuPG no seu servidor:

```
apt-get install gnupg
```

Criar uma chave de encriptação :

```
gpg --full-generate-key
```

Selecione a opção "RSA e RSA (predefinição)" e introduza as informações solicitadas, como o nome e o endereço de correio eletrónico.
Encriptar o ficheiro utilizando a chave de encriptação :

```
gpg -c meuarquivo.txt
```

Isto irá criar um ficheiro encriptado com o nome myfile.txt.gpg.

Para desencriptar o ficheiro, utilize o seguinte comando:

```
gpg meuarquivo.txt.gpg
```

Isto criará um ficheiro desencriptado com o nome myfile.txt.

Também pode utilizar a ferramenta OpenSSL para encriptar e desencriptar ficheiros no seu servidor Linux. Consulte a documentação do OpenSSL para obter mais informações sobre a utilização desta ferramenta.

Fazer cópias de segurança regulares

É importante criar cópias de segurança regulares dos seus dados para que os possa restaurar se estiverem perdidos ou corrompidos. Pode utilizar ferramentas como o rsync ou o tar para criar cópias de segurança dos seus dados no seu servidor Linux.

Eis os passos a seguir para efetuar cópias de segurança regulares com a ferramenta rsync:

Instale o rsync no seu servidor:

```
apt-get install rsync
```

Crie um diretório de destino para as cópias de segurança:

```
mkdir /mnt/backup
```

Execute o comando rsync para fazer um backup do arquivo :

```
rsync -avz /home/ /mnt/backup
```

Este comando copia recursivamente todos os ficheiros em /home/ para o /mnt/backup.

Para automatizar as cópias de segurança, pode utilizar uma ferramenta de agendamento de tarefas, como o cron.

Também pode utilizar a ferramenta tar para criar arquivos das suas cópias de segurança e comprimi-los para poupar espaço em disco.

Certifique-se de que guarda as cópias de segurança num local seguro e teste-as regularmente para garantir que são válidas.

Utilizar palavras-passe fortes e únicas

É importante usar senhas fortes e exclusivas para proteger suas contas e dados no seu servidor Linux. Pode utilizar um gestor de palavras-passe como o LastPass ou o KeePass para gerar e gerir palavras-passe fortes e únicas.

Utilizar uma rede privada virtual (VPN)

Uma VPN encripta os dados que passam entre o seu servidor e os clientes que lhe acedem, protegendo-os contra espionagem e interceção de dados. Pode utilizar software VPN como o OpenVPN ou o WireGuard no seu servidor Linux.

Capítulo 5

Programação Unix/Linux

5.1. Utilização de bibliotecas do sistema

Neste capítulo, vamos falar sobre *bibliotecas partilhadas,* também conhecidas como objectos *partilhados*: partes de código compiladas e reutilizáveis, como funções ou classes, que são utilizadas repetidamente por diferentes programas.

Para começar, vamos explicar o que são bibliotecas partilhadas, como as identificar e onde as encontrar. De seguida, veremos como configurar as suas localizações de armazenamento. Finalmente, mostraremos como encontrar as bibliotecas partilhadas das quais um determinado programa depende.

O conceito de bibliotecas partilhadas

Tal como as suas congéneres de hardware, as bibliotecas de software são colecções de código destinadas a serem utilizadas por muitos programas diferentes, tal como as bibliotecas físicas contêm livros e outros recursos que podem ser utilizados por muitas pessoas diferentes.

Para construir um ficheiro executável a partir do código fonte de um programa, são necessários dois passos importantes. Em primeiro lugar, o *compilador* transforma o código-fonte em código de máquina, que é armazenado nos chamados *ficheiros-objeto.* Em seguida, o *ligador* combina os ficheiros-objeto e *liga-os* às bibliotecas para gerar o ficheiro executável final. A ligação pode ser feita de *forma estática* ou *dinâmica.* Dependendo do método escolhido, falaremos de bibliotecas estáticas ou, no caso da edição de ligações dinâmicas, de bibliotecas partilhadas. Vamos explicar as diferenças.

Bibliotecas estáticas

Uma biblioteca estática é integrada no programa quando a ligação é criada. Uma cópia do código da biblioteca é incorporada ao programa para fazer parte dele. Isso significa que o programa não depende da biblioteca em tempo de execução, pois já contém o código da biblioteca. A ausência de dependências pode ser vista como uma vantagem, pois o utilizador não tem de se preocupar com a disponibilidade das bibliotecas utilizadas. A desvantagem é que os programas ligados estaticamente são mais pesados.

Bibliotecas partilhadas (ou dinâmicas)

No caso de bibliotecas compartilhadas, o vinculador simplesmente garante que o programa faça referência às bibliotecas corretamente. No entanto, o vinculador não copia nenhum código da biblioteca para o arquivo do programa. No entanto, em tempo de execução, a biblioteca partilhada tem de estar disponível para satisfazer as dependências do programa. Essa é uma abordagem econômica para gerenciar os recursos do sistema, reduzindo tamanho dos arquivos de programa ao carregar apenas uma cópia da biblioteca na memória, mesmo que ela seja usada por vários programas.

Convenções de nomenclatura para ficheiros de objectos partilhados

O nome de uma biblioteca partilhada (*soname*) segue um padrão composto três elementos:

- Nome da biblioteca (normalmente prefixado por lib)
- so (que significa "objeto partilhado")

- Número da versão da biblioteca

Aqui está um exemplo: libpthread.so.0

Em comparação, os nomes das bibliotecas estáticas terminam em .a, por exemplo libpthread.a.

Como os ficheiros que contêm bibliotecas partilhadas devem estar disponíveis quando o programa é executado, a maioria dos sistemas Linux contém bibliotecas partilhadas. Uma vez que as bibliotecas estáticas só são necessárias num ficheiro dedicado quando um programa é ligado, podem não estar presentes num sistema de utilizador final.

A glibc (*biblioteca GNU C*) é um bom exemplo de uma biblioteca partilhada. Num sistema Debian GNU/Linux 9.9, o seu ficheiro tem o nome libc.so.6. Estes nomes de ficheiros bastante genéricos são normalmente ligações simbólicas que apontam para o ficheiro real que contém uma biblioteca, cujo nome contém o número exato da versão. No caso da glibc, esta ligação simbólica tem o seguinte aspeto:

```
$ ls -l /lib/x86_64-linux-gnu/libc.so.6
lrwxrwxrwx 1 root root 12 fev 6 22:17 /lib/x86_64-linux-gnu/libc.so.6 ->
libc-2.24.so
```

Esta forma de referenciar ficheiros de bibliotecas partilhadas nomeados de acordo com uma versão específica com nomes de ficheiros mais gerais é uma prática comum.

Outros exemplos de bibliotecas partilhadas incluem `a libreadline` (que permite aos utilizadores editar linhas de comando à medida que são digitadas e inclui suporte para os modos de edição Emacs e vi), `a libcrypt` (que contém funções relacionadas com encriptação, hashing e codificação) ou `a libcuri` (que é uma biblioteca de transferência de ficheiros multiprotocolo).

Aqui estão as localizações habituais das bibliotecas partilhadas num sistema Linux:

- `/lib`
- `/lib32`
- `/lib64`
- `/usr/lib`
- `/usr/local/lib`

O conceito de bibliotecas partilhadas não é específico do Linux. No Windows, por exemplo, elas são chamadas de DLLs, que significa *Dynamic* Link Library.

Configuração de caminhos de bibliotecas partilhadas

As referências contidas em programas vinculados dinamicamente são resolvidas pelo carregador de vínculo dinâmico (`id.so` ou `id-iinux.so`) quando o programa é executado. O carregador de vínculo dinâmico procura por bibliotecas em uma série de diretórios. Esses diretórios são especificados pelo *caminho da biblioteca*. O caminho da biblioteca é configurado no diretório `/etc`, i.e. no ficheiro /etc/ld.so.conf e, mais comummente hoje em dia, nos ficheiros do diretório `/etc/id.so.conf.d`. Normalmente, o primeiro inclui uma única linha `de inclusão` para os ficheiros `*.conf` no segundo:

```
$ cat /etc/ld.so.conf
incluir /etc/ld.so.conf.d/*.conf
```

O diretório `/etc/id.so.conf`.d `contém` ficheiros `*.conf:`

```
$ ls /etc/ld.so.conf.d/
iibc.conf x86_64-iinux-gnu.conf
```

Estes ficheiros *.conf têm de incluir os caminhos absolutos para os diretórios das bibliotecas partilhadas:

```
$ cat /etc/ld.so.conf.d/x86_64-linux-gnu.conf
- Suporte do Muitiarch /iib/x86_64-iinux-gnu /usr/iib/x86_64-iinux-gnu
```

O comando `idconfig` lê estes ficheiros de configuração, cria todas as ligações simbólicas acima para ajudar a localizar as várias bibliotecas e actualiza o ficheiro `/etc/id.so`.cache. Isto significa que o `idconfig` tem de ser executado sempre que os ficheiros de configuração são adicionados ou actualizados.

Aqui estão algumas opções úteis para o `idconfig` :

- v, -verbose

Apresenta os números de versão das bibliotecas, o nome de cada diretório e as ligações que foram criadas:

```
$ sudo Idconfig -v
/usr/iocai/iib:
/iib/x86_64-iinux-gnu:
iibnss_myhostname.so.2 -> iibnss_myhostname.so.2 iibfuse.so.2 ->
iibfuse.so.2.9.7
iibidn.so.11 -> iibidn.so.11.6.16
iibnss_mdns4.so.2 -> iibnss_mdns4.so.2 iibparted.so.2 ->
iibparted.so.2.0.1 (...)
```

Assim, por exemplo, podemos ver como o `iibfuse.so.2` está ligado ao ficheiro de objectos partilhados efectivos `iibfuse.so.2.9.7`.

- p, -print-cache

Apresentar listas de diretórios e bibliotecas candidatas armazenadas na cache atual :

```
$ sudo Idconfig -p
1094 iibs encontrados na cache '/etc/id.so.cache'
libzvbi.so.0 (libc6,x86-64) => /usr/iib/x86_64-iinux- gnu/libzvbi.so.0
libzvbi-chains.so.0        (libc6,x86-64)        =>        /usr/iib/x86_64-iinux-
gnu/libzvbi-chains.so.0
libzmq.so.5   (libc6,x86-64)   =>   /usr/lib/x86_64-linux-gnu/libzmq.so.5
libzeitgeist-2.0.so.0 (libc6,x86-64) => /usr/iib/x86_64-iinux-
gnu/libzeitgeist-2.0.so.0
(...)
```

Repare como a cache utiliza o *soname* totalmente qualificado das ligações:

```
$ sudo Idconfig -p |grep libfuse
libfuse.so.2 (libc6,x86-64) => /lib/x86_64-linux-gnu/libfuse.so.2
```

Se fizermos uma listagem detalhada de `/lib/x86_64-linux-gnu/libfuse.so.2`, vemos a referência ao ficheiro de objeto partilhado `iibfuse.so.2.9.7` armazenado no mesmo diretório :

```
$ Is -1 /lib/x86_64-linux-gnu/libfuse.so.2
Irwxrwxrwx 1 root root 16 Ago 21    2018 /lib/x86_64-linux-
gnu/libfuse.so.2 -
> libfuse.so.2.9.7
```

Uma vez que precisa de acesso de escrita ao ficheiro `/etc/ld.so`.cache (propriedade do root), tem de ser o root ou usar o sudo para invocar o `idconfig`.

Para mais informações sobre o comando `ldconfig`, veja a sua página de manual.

Para além dos ficheiros de configuração descritos acima, a variável de ambiente `LD_LIBRARY_PATH` pode ser usada para adicionar temporariamente novos caminhos caminhos para compartilhadas bibliotecas compartilhadas. Ela

consiste em a
conjunto de diretórios separados por dois pontos (:) onde as
bibliotecas são
caminho. Por exemplo, para adicionar `/usr/iocai/myiib` ao caminho da biblioteca na sessão atual da shell, pode escrever :

```
$ LD_LIBRARY_PATH=/usr/local/mylib
```

Pode agora verificar o seu valor:

```
$ echo $LD_LIBRARY_PATH
/usr/local/mylib
```

Para adicionar `/usr/iocai/myiib` ao caminho da biblioteca na sessão atual da shell, exportando-o para todos os processos filhos criados a partir desta shell, escreva :

```
$ export LD_LIBRARY_PATH=/usr/local/mylib
```

Para excluir a variável de ambiente `LD_LIBRARY_PATH`, basta digitar :

```
$ desativar LD_LIBRARY_PATH
```

Para tornar as alterações permanentes, pode escrever a linha

```
exportar LD_LIBRARY_PATH=/usr/iocai/myiib
```

~em um dos scripts de inicialização do Bash, `como /etc/bash.bashrc` ou `/.bashrc`. `LD_LIBRARY_PATH` é para as bibliotecas compartilhadas o que `PATH` é para os executáveis. Para mais informações sobre variáveis de ambiente e configuração da shell, veja as lições relevantes.

Procurar dependências num determinado executável

Para encontrar as bibliotecas partilhadas necessárias a um programa específico, utilize o comando ldd seguido do caminho absoluto para o programa. O resultado mostra o caminho para o arquivo da biblioteca compartilhada e o endereço de memória hexadecimal no qual ele é carregado:

```
$ ldd /usr/bin/git
linux-vdso.so.1 =>      (0x00007ffcbb310000)
libpcre.so.3 => /lib/x86_64-linux-gnu/libpcre.so.3 (0x00007f18241eb000)
libz.so.1 => /lib/x86_64-linux-gnu/libz.so.1 (0x00007f1823fd1000)
libresolv.so.2 => /lib/x86_64-linux-gnu/libresolv.so.2
(0x00007f1823db6000)
libpthread.so.0 => /lib/x86_64-linux-gnu/libpthread.so.0
(0x00007f1823b99000)
librt.so.1 => /lib/x86_64-linux-gnu/librt.so.1 (0x00007f1823991000)
libc.so.6 => /lib/x86_64-linux-gnu/libc.so.6 (0x00007f18235c7000)
/lib64/ld-linux-x86-64.so.2 (0x00007f182445b000)
```

Da mesma forma, utilizamos o ldd para procurar dependências num objeto partilhado:

```
$ ldd /lib/x86_64-linux-gnu/libc.so.6
/lib64/ld-linux-x86-64.so.2 (0x00007fbfed578000) linux-vdso.so.1
(0x00007fffb7bf5000)
```

Com a opção `-u` (ou `--unused`), `o ldd` mostra as dependências diretas não utilizadas (se existirem):

```
$ ldd -u /usr/bin/git
Dependências diretas não utilizadas:
/lib/x86_64-linux-gnu/libz.so.1
/lib/x86_64-linux-gnu/libpthread.so.0 /lib/x86_64-linux-gnu/librt.so.1
```

A presença de dependências não utilizadas está relacionada com as opções utilizadas pelo ligador aquando da construção do binário. Mesmo que o programa não precise de uma biblioteca não utilizada, ela ainda foi vinculada e rotulada como NECESSÁRIA informações do arquivo de objeto. Pode explorar este tópico utilizando comandos como o `readelf` ou o `objdump`, que irá utilizar em breve exercício aprofundado.

Os seguintes comandos são abordados nesta lição:

`ls`

Mostrar o conteúdo de um diretório.

`gato`

Concatena ficheiros e apresenta-os na saída padrão.

`sudo`

Fazer com que um comando seja executado pelo super-utilizador com privilégios de administrador.

`Idconfig`

Configurar as dependências de tempo de execução do editor de links.

`eco`

Exibe o valor de uma variável de ambiente.

`exportação`

Exporta o valor de uma variável de ambiente para shells filhos.

`não definido`

Eliminar uma variável de ambiente.

`ldd`

Apresenta as dependências de objectos partilhados de um programa.

`ler-se`

Mostrar informações sobre ficheiros ELF (ELF significa *formato executável e associável*).

`objdump`

Apresentar informações sobre ficheiros de objectos.

Exercícios guiados

1. Separe os nomes das seguintes bibliotecas partilhadas nos seus componentes:

Nome completo do ficheiro	Nome da biblioteca	sufixo *so*	Número da versão
`linux-vdso.so.1`			
`libprocps.so.6`			
`libdl.so.2`			
`libc.so.6`			
`libsystemd.so.0`			
`ld-linux-x86-64.so.2`			

2. Desenvolveu um software e pretende adicionar um novo diretório de bibliotecas partilhadas ao seu sistema (`/opt/iib/myiib`). Escreve o seu caminho absoluto num ficheiro chamado `mylib.conf`.

o Em que diretório deve guardar este ficheiro?

o Que comando é necessário executar para que as alterações tenham efeito total?

3. Que comando usaria para listar as bibliotecas partilhadas requeridas pelo `kiii`?

Exercícios aprofundados

1. O objdump é uma ferramenta de linha de comandos que apresenta informações sobre ficheiros de objectos. Verifique se está instalado no seu sistema com o objdump. Se não estiver, instale-a.

o Use objdump com a opção p (ou - -private-headers) e grep para exibir as dependências do giibc:

o Use objdump com a opção p (ou --private-headers) e grep para mostrar o *sonar* giibc:

o Use objdump com a opção p (ou --private-headers) e grep para exibir as dependências do Bash:

Neste ponto, aprendemos:

- O que uma biblioteca partilhada (ou dinâmica)?
- As diferenças entre bibliotecas partilhadas e bibliotecas estáticas.
- Os nomes das bibliotecas partilhadas (*sonames*).
- Localizações preferenciais para bibliotecas partilhadas num sistema Linux, como /iib ou /usr/iib.
- A função do editor de links dinâmicos id.so (ou id-iinux.so).
- Como configurar os caminhos das bibliotecas partilhadas através de ficheiros em /etc/ tais como id.so.conf ou aqueles no diretório id.so.conf.d.
- Como configurar caminhos de bibliotecas compartilhadas usando A variável de ambiente LD_LIBRARY_PATH.
- Como procurar dependências em executáveis e bibliotecas partilhadas.

Respostas aos exercícios guiados

1. Separe os nomes das seguintes bibliotecas partilhadas nos seus componentes:

Nome completo do ficheiro	Nome da biblioteca	sufixo *so*	Número da versão
linux-vdso.so.1	linux-vdso	assim	1
libprocps.so.6	libprocps	assim	6
libdl.so.2	libdl	assim	2
libc.so.6	Libc	assim	6
iibsystemd.so.0	libsystemd	assim	0
ld-linux-x86-64.so.2	ld-linux-x86-64	assim	2

2. Desenvolveu um software e pretende adicionar um novo diretório de biblioteca partilhada ao seu sistema (/opt/iib/myiib). Escreve o seu caminho absoluto num ficheiro chamado mylib.conf.

o Em que diretório deve guardar este ficheiro?

/etc/ld.so.conf.d

o Que comando é necessário executar para que as alterações tenham efeito total?

idconfig

3. Que comando você usaria para listar as bibliotecas compartilhadas requeridas pelo kiii?

idd /bin/kill

Respostas a exercícios aprofundados

1. O `objdump` é uma ferramenta de linha de comandos que apresenta informações sobre ficheiros de objectos. Verifique se está instalado no seu sistema com o `objdump`. Se não estiver, instale-o.

o Use `objdump` com a opção `p` (ou `- -private-headers`) e `grep` para exibir as dependências do `giibc`:

```
objdump -p /lib/x86_64-linux-gnu/libc.so.6 | grep NEEDED
```

o Use `objdump` com a opção `p` (ou `- -private-headers`) e `grep` para exibir o *soname* do `giibc`:

```
objdump -p /lib/x86_64-linux-gnu/libc.so.6 | grep SONAME
```

o Use `objdump` com a opção `p` (ou `--private-headers`) e `grep` para exibir as dependências do Bash:

```
objdump -p /bin/bash | grep NECESSÁRIO
```

5.2. Compilação e criação de programas

Como compilar um programa no Linux?

No Linux, a compilação de uma aplicação implica partir do código fonte, muitas vezes escrito em C, para criar binários e bibliotecas. Para tal, é utilizado um compilador como o GCC. As fontes são obtidas a partir do git ou do sítio Web do projeto. As fontes estão geralmente na forma de ficheiros.

Para instalar uma aplicação no Linux, pode utilizar o sistema de pacotes da sua distribuição Linux.

Por exemplo, no Debian e no Ubuntu, temos **o DPKG**.

RPM é o sistema de pacotes do Redhat, CentOS e Fedora.

Outro método de instalar uma aplicação em Linux é a compilação. Isto começa com o código fonte da aplicação para criar binários e instalá-los no Linux. Graças ao compilador **gcc (*GNU Compiler Collection*)**, isto é possível com qualquer programa livre.

Nesta secção, explicamos porque deve compilar as suas aplicações em Linux. Quais são as vantagens. Porque é que, em alguns casos, somos obrigados a compilar uma aplicação.

O que é que significa compilar programas a partir da fonte?

No Linux, a compilação de uma aplicação implica começar pelo código fonte, muitas vezes escrito em C, para criar binários e bibliotecas.

Para o conseguir, utilizamos um **compilador como o GCC**.

Obtemos as fontes a partir do git ou do sítio do projeto, tal como descrito acima.

As fontes estão geralmente na forma de **ficheiros .c e ficheiros .h para os cabeçalhos**.

Depois passamos vários comandos **como configure, make, make install** para compilar e instalar os binários no sistema.

Porquê compilar programas a partir da fonte no Linux?

Instalar utilitários não presentes nos repositórios.

Embora os repositórios das distribuições Linux contenham milhares de pacotes e software, por vezes um software não está presente.

Este é frequentemente o caso de projectos no Github onde as fontes estão disponíveis. Neste caso, é necessário compilar a partir da fonte para instalar e executar o software no seu sistema.

Obter versões mais recentes

Quando utiliza o sistema de pacotes de uma distribuição Linux, pode ficar preso às versões mantidas e oferecidas pelas distribuições. Mas, por vezes, pode precisar de instalar uma versão mais recente.
Compilar os seus próprios pacotes permitir-lhe-á **obter versões altamente personalizadas** destes pacotes para melhor se adequarem às suas necessidades. Por exemplo, se instalar um pacote de servidor web como o Nginx a partir do repositório principal, será instalada uma versão genérica pré-configurada do Nginx compatível com a sua distribuição.
Ao compilar o Nginx você mesmo, pode escolher a versão a ser instalada. No entanto, pode não ser possível instalar a versão mais recente, uma vez que a aplicação pode depender de bibliotecas de sistema demasiado antigas.
Pode encontrar o código fonte de cada versão nos sítios Web dos projectos gratuitos.

Instalação de versões personalizadas

Se compilar o Nginx por si próprio, não só poderá compilá-lo com os seus próprios sinalizadores de configuração personalizados de acordo com as suas necessidades específicas, como também poderá melhorá-lo adicionando módulos especializados, como o Google Pagespeed.
Durante a compilação, **configura-se os módulos a ativar**.
Além disso, pode adicionar facilmente módulos que não são suportados pela sua distribuição Linux por motivos de licenciamento.
O módulo Google pagespeed nunca será oferecido pelo Debian, pois é um módulo proprietário.

módulos nginx no Ubuntu.

Como a versão do Ubuntu é mais recente, oferece mais alguns módulos.
Ao compilar a partir da fonte, pode ativar módulos que não tem necessariamente em forma de pacote nos repositórios da sua distribuição Linux.

Instalar uma versão optimizada

Os ficheiros de programa são geralmente criados para serem executados em computador compatível com x86-64. Mas podem ser optimizados para um único tipo de processador, tornando-os mais rápidos nesse processador.
Sem quaisquer opções de otimização, o objetivo do compilador é reduzir de compilação e garantir que a depuração produz os resultados esperados. A definição sinalizadores de otimização força o compilador a melhorar o desempenho e/ou o tamanho do código à custa do tempo de compilação e, possivelmente, da capacidade de depurar o programa.
O compilador efectua uma otimização com base no seu conhecimento do programa. A compilação de vários ficheiros de uma só vez num único modo de ficheiro de saída permite compilador utilizar a informação obtida de todos os ficheiros ao compilar cada um deles.
Durante a compilação, para obter o melhor desempenho, os binários podem ser optimizados utilizando parâmetros como CHOST, CFLAGS, CXXFLAGS. O GCC também oferece opções de otimização que começam por -O, tais como -O1 ,- O2 ou Os.
As opções -O do GCC também activam sinalizadores de otimização.

Como compilar software a partir de fontes Linux?

A partir desta ligação, pode encontrar as bases e os comandos (configure, make, gcc, etc.) para compilar software a partir da fonte.

5.3. Depuração e otimização do desempenho

O Linux é um sistema operativo que conquistou **centenas de milhares de utilizadores** em todo o mundo. É conhecido pela sua estabilidade, segurança e flexibilidade. Para aqueles que desejam descobrir este mundo excitante, pode ser intimidante no início. Este subponto irá guiá-lo passo a passo através da instalação e otimização do Linux no seu computador, mesmo que seja um principiante.

Escolher a distribuição Linux correta

Existem muitas distribuições Linux, cada uma com as suas próprias caraterísticas e funcionalidades. Para um principiante, é importante escolher uma distribuição que seja fácil de utilizar, que tenha uma grande comunidade e uma boa documentação online. Aqui estão algumas opções populares:

- **Ubuntu**: muito fácil de utilizar, ideal para principiantes.
- **Fedora**: tecnologia avançada, adequada para principiantes e utilizadores experientes.
- **Archlinux**: personalizável, adequado principalmente para utilizadores mais avançados.
- **Debian**: alta estabilidade e extenso catálogo de software.

Não hesite em testar várias distribuições utilizando USBs activas antes de fazer a sua escolha final.

Como posso criar uma unidade flash USB de arranque?

O primeiro passo é criar uma chave USB de arranque que contenha a imagem ISO da distribuição Linux que escolheu. Para o fazer, precisará de um software de criação de chaves USB de arranque, como o Etcher ou o Rufus.

1. Descarregue a imagem ISO da distribuição que escolheu.
2. Insira a sua chave USB numa porta USB do seu computador.
3. Abra o software de criação da unidade flash USB e selecione a imagem ISO e a unidade flash USB a utilizar.
4. Clique em "Start" (Iniciar) para criar a chave USB de arranque.
5. Reinicie o seu computador e aceda ao menu de arranque (muitas vezes utilizando F2, F12 ou Delete) para selecionar a sua chave USB como dispositivo de arranque principal.

Instalar o Linux

Quando o sistema Linux tiver sido iniciado a partir da sua chave USB de arranque, siga as instruções de instalação no ecrã. Os passos podem variar ligeiramente dependendo da distribuição que está a instalar. Em geral, os processos são os seguintes:

1. Seleção da língua.
2. Configurar as preferências do teclado.
3. Escolha do disco rígido.
4. Criar uma conta de utilizador e uma palavra-passe.

Em alguns , também será necessário particionar o disco rígido manualmente, mas a maioria das distribuições oferece uma opção automática para simplificar este passo.

Atualização do sistema

Uma vez que o Linux tenha sido instalado e inicializado, uma das primeiras coisas a fazer é atualizar o sistema para obter as últimas atualizações de segurança e software. Para o fazer, abra um terminal e introduza o seguinte comando (será necessária a palavra-passe administrates):

sudo apt-get update && sudo apt-get upgrade

Instalação dos controladores gráficos necessários

Para tirar o máximo partido do desempenho e da funcionalidade da sua placa gráfica no Linux, recomendamos que instale os controladores adequados.

Nvidia

As placas Nvidia são geralmente bem suportadas no Linux. Para instalar os drivers proprietários da Nvidia (para desempenho), abra um terminal e digite :

sudo apt-get install nvidia-driver

Amd/Intel

As placas Amd e Intel geralmente usam drivers gratuitos chamados Mesa no Linux. Estes controladores já estão integrados por defeito na maioria das distribuições Linux, não sendo necessária qualquer ação adicional.

Otimização do sistema

Agora que o Linux está instalado e os controladores gráficos estão configurados, aqui estão algumas dicas para otimizar ainda mais o seu sistema.

Utilizar um gestor de pacotes

No Linux, um gestor de pacotes a instalação, configuração e remoção de software no seu sistema. Por exemplo, se utiliza o Ubuntu, o gestor de pacotes é o APT (Advanced Package Tool). Aqui estão alguns comandos úteis para gerir o seu software:

- sudo apt-get install packageName: instala software
- sudo apt-get remove packageName: desinstala software
- sudo apt-cache search keyword: software com base numa palavra-chave

Utilizar os depósitos oficiais e evitar as APPs

Os repositórios são fontes que oferecem software para instalação através do seu gestor de pacotes. Utilize sempre os repositórios oficiais da sua distribuição Linux e evite repositórios de terceiros não verificados sempre que possível.

Ativar a encriptação do disco rígido

Para reforçar a segurança do seu sistema, nós recomendamos que active a encriptação do disco rígido assim que instalar o Linux. Esta opção é frequentemente selecionada quando o disco rígido é escolhido durante a instalação.

Mantenha o seu sistema regularmente

A manutenção do seu sistema Linux garante a sua estabilidade e um desempenho ótimo. Não se esqueça de fazer regularmente cópias de segurança dos seus dados importantes e de atualizar o seu sistema utilizando o gestor de pacotes.

Seguindo estes conselhos, estará no bom caminho para a aventura Linux. Descobrirá rapidamente todas as possibilidades oferecidas por este ambiente, bem como a liberdade de personalização que ele permite. Bem-vindo ao mundo de Linux!

Conclusão

Adquirir um bom conhecimento do sistema operativo Unix/Linux é um trunfo importante para os estudantes de Informática com especialização em Redes e Técnicas de Manutenção. Isto permitir-lhes-á destacarem-se no mercado de trabalho e trabalharem em projectos informáticos complexos. Existem muitas vantagens em aprender Unix/Linux, como demonstrado neste livro.

Nesta viagem pelos meandros do sistema operativo Unix e do seu descendente, o Linux, exploramos décadas desenvolvimento, inovação e desafios. Desde o nascimento do Unix laboratórios da Bell até à proliferação de distribuições Linux em todo o mundo, um universo complexo e fascinante.

O Unix, com a sua filosofia "tudo é um ficheiro" e arquitetura modular, lançou as bases de muitos sistemas operativos modernos. O Linux, por outro lado, abriu o caminho para o código aberto e a colaboração da comunidade. Juntos, moldaram a computação tal como a conhecemos atualmente.

Mas a história não acaba aqui. Os sistemas operativos continuam evoluir, adaptando-se a novos desafios e satisfazendo as necessidades em constante mudança dos utilizadores. Ao encerrarmos este livro, sabemos que a aventura continua. Novas versões, novas distribuições e novas ideias surgirão, impulsionadas por uma comunidade apaixonada e determinada.

Quer seja um administrador de sistemas experiente, um estudante curioso ou simplesmente um entusiasta de computadores, a Unix e o Linux continuarão a ser companheiros fiéis na sua procura de compreensão e eficiência. Por isso, continue a explorar, a aprender e a partilhar os seus conhecimentos. A história está nas suas mãos.

AFOGAMENTO DO AUTOR

O livro "Système d'exploitation Unix/Linux" de ***Jeannot FATAKIN. BAZONGA*** oferece uma introdução completa e aprofundada à utilização do sistema operativo livre Unix/Linux. É adequado para principiantes que queiram aprender a instalar e a manipular o Linux com as suas interfaces gráficas, bem como para utilizadores mais avançados que queiram ir mais longe com o seu computador e testar o Unix/Linux. Este livro cobre todos os aspectos do Unix/Linux, incluindo a comparação entre o Windows e o Unix/Linux, a instalação e configuração do Ubuntu, a instalação de programas gratuitos e de código aberto, a ligação remota a um servidor Linux usando SSH e a escrita de scripts Bash. É fácil de compreender e dá aos leitores as ferramentas de que necessitam para dominar o Linux e começar a utilizá-lo para fins pessoais ou profissionais.

MIX
Papier aus verantwortungsvollen Quellen
Paper from responsible sources
FSC® C105338

Printed by Books on Demand GmbH, Norderstedt / Germany